# 岩色

左岩 著

北方文艺出版社

图书在版编目（CIP）数据

岩色 / 左岩著 . -- 哈尔滨：北方文艺出版社，

2016.3（2020.2重印）

ISBN 978-7-5317-3550-2

Ⅰ .①岩… Ⅱ .①左… Ⅲ .①左岩 – 自传 Ⅳ .

①K825.42

中国版本图书馆 CIP 数据核字（2016）第 014723 号

岩色
YAN SE

作 者 / 左岩

责任编辑 / 王金秋

出版发行 / 北方文艺出版社　　　　　　　网 址 / www.bfwy.com
邮 编 / 150080　　　　　　　　　　　　经 销 / 新华书店
地 址 / 黑龙江现代文化艺术产业园 D 栋 526 室

印 刷 / 廊坊市祥丰印刷有限公司　　　　开 本 / 185×210　 1/24
字 数 / 120 千　　　　　　　　　　　　印 张 / 9
版 次 / 2016 年 3 月第 1 版　　　　　　 印 次 / 2020 年 2 月第 2 次印刷

书 号 / ISBN 978-7-5317-3550-2　　　　定 价 / 49.80 元

# 目　录
## CONTENTS

第六篇
Passage Six

忠实于自己的内心

## · 小城 · 童年 ·

　　我出生在爸爸出生的老房子里，里面有一铺很大的炕，我是那个炕上出生的第十个孩子，因为奶奶生了九个，爷爷了不起地让经历了那个动荡年代的他们都活了下来。而我的到来，让这个祖姓"哈斯乎"的满族大家庭欣喜不已，对于这一大家子人来说，我是名副其实的"长子嫡孙"。所以尽管是个女孩儿，上小学前爸爸都大声地叫我"儿子"，爷爷叫我"大孙子"，村里人叫我"老左家的大宝子"。

　　对，我小名叫"大宝子"，跟东北农村里的"二丫""狗剩"一样都属于贱名，

好养。但我很高兴，起码我还有个名字，因为姑姑、叔叔都被叫作"老三""老四""老五"……是的，我最小的叔叔叫"老九"。

听说，我不会走的时候，爬得很快，但属于自动挡，爬到离炕边一尺的地方会自动刹车，所以从来没从炕上摔下来过。

听说，我不会说话的时候，为人是很高傲的，若不喜欢的人，无论怎么逗，我的双眼总是望向房梁，看都不会看你（现在也这样）。让奶奶一度觉得这孩子脑子有问题，后来又判断可能是耳朵坏了。

听说，我既不会走路也不会说话的时候，被抱到邻居家串门子，人家怎么给我平时爱吃的东西我都不吃，眼睁睁看着我妈咬一口才肯吃。从此，我妈很放心地认为，这孩子是不会被毒死的。

听说，我两岁的时候就会背唐诗，认识所有卡片上的小动物，并从来不会叫错它们的名字；听说，我三岁的时候打了隔壁家"小燕儿"（大我两岁的小孩），自己却哭得差点背过气去；听说，弟弟总是吃完自己的西瓜就来吃我的，我却从来不跟他计较；听说我有一只叫"大黄"的狗和一只叫"大黑"的猫，我们三个常常睡在一起……

当然，那些都是听说的，我不记得了。

　　我对那个村子的印象仅限于假期的时候玩儿泥巴，被大公鸡追着满院子跑，最后被啄到哭，和爷爷下象棋从来没有赢过，以及猪真的会吃屎，这些片段的记忆；因为爸爸大学毕业后，我们就一直住在城里了，偶尔才回俺们屯儿。

　　而那个城，从城东到城西开车只要二十分钟，它很小，却装着我的整个童年。

　　小的时候最爱读的书叫《故事会》，因为报刊亭只卖两种有字儿的纸质物品，就是《故事会》和《广播电视报》，其他的都是瓜子儿、冰棍儿和各种饮料。前一段时间做节目，那期主题和杂志有关，编导惊讶地跟我说："世界上销量曾排名第五的杂志竟然是《故事会》！"我淡定地笑笑说："是的，那是我人生的文学启蒙读物。"

　　小时候只看过几部革命类型的电影：《地道战》《地雷战》《闪闪的红星》什么的，也喜欢过潘冬子，觉得他长得挺好看的。崇拜过董存瑞哥哥，当时就想，如果是我，我也会托起炸药包的。现在就不一定敢了。可是当时为什么没有去电影院看其他的电影呢？于是打电话问我妈：

　　"我小时候家里的电影院放过其他电影吗？"

　　"不放。"

　　"现在呢？"

"拆了！"

我无语凝噎……

书出版后我会寄一本回家乡，跟他们说还是建个电影院吧。小一点儿，收费低一点儿，不然十年后有个老乡写本书说：我小时候没看过电影，我家那儿没有电影院……

所以正如你看到的，我曾生活的空气里并没有浮动着任何与艺术、文学、电视、电影、时尚相关的气泡，但如今的我，却主持着节目、写着书、拍着电视剧、演着电影，也在话剧的舞台上晃荡着，还做了两个和美有关的品牌……很神奇，对吗？

开始接到安妮的约稿时，我觉得现在就写这样一本书还太早，可是此刻，我却思忖着：我是谁？我为什么是我？我为了成为我做过些什么？我，还能做些什么？

# ·"顺利""天赐"与我的老爸·

　　老爸出生在东北农村，他在那里与我妈相识相爱，本以为我们一家会这样在农村质朴地过一辈子，没想到在我出生那年老爸考上了大学。在当时考上大学简直是一件惊天动地的事情，就像古时候有人中了状元，全村父老乡亲都跟着高兴，因为那个年代全国的大学生都是数得过来的。

　　农村的学习条件相当艰苦，这成功的背后有多少艰辛，恐怕只有我爸自己知道，画面应该是一个已婚的中年男子在农村的庄稼地里，借着烛火微弱的光，左手拿着书，右手不时地驱赶蚊子，眼睛里却闪着希望的光。

　　虽然对于家族来说，这是一件无比荣耀的事情，但是考上了大学，就意味着老爸只能假期回家与我们团聚了。我小时候是个很特别的小孩，从不理人，绝对不让邻居和亲戚抱。如果他们给我好吃的，非得我妈咬一口我才会吃的。但是每当听说老爸要回家了，我就赶紧爬到我妈身上让她抱我去接老爸。总要站在村口等上一个多小时，才能看到他的身影，我就把两只手臂张开，远远就跑过去要抱抱。老爸抱起我一顿乱亲，脸上的胡子扎得我的脸蛋生疼。这种血浓于水的亲情浇灌着我的童年，当然那些美丽的画面都是我妈转述的，至于有

没有杜撰我便不得而知，因为也着实不会记得三岁以前的事情到底是怎样的。

四年后老爸大学毕业，被分配到双鸭山市里工作，他是那个系统的第一个大学生。于是我们一家三口挥手告别了生活多年的美丽小山村。从那时起，我便开始笃信知识改变命运这件事情。

老爸虽然到了城里工作，但农村人的那种耿直和踏实的本性是无法改变的，无论是工作上还是生活中，皆是如此。我从小到大从未听到老爸说过任何一句他人的坏话，他也从来没有与任何人发生过纠纷，他的一生恐怕都没有做过一件坏事。也正是由于他的这种与世无争、随遇而安的个性，让单位里的人提到他，都会说他是个好人。"老好人"成了他的标识。

但工作单位毕竟是个鱼龙混杂的社会，如果不够圆滑，不会拍马屁，得到的晋升机会也不多，所以老爸一直就这样做到了他退休。我想，对他这样不擅长交际应酬的人来说，这可能是一件幸福的事情，因为他不必违背自己的内心，只要按照本心踏踏实实工作就行了。得益于老爸的

这种态度，我的家庭也一直享受着这种平凡的幸福。

老爸性格的形成与他是家里的长子有着很大的关系，虽然是一个农村的大家庭，但是满族家里的老规矩极多，所以老爸有着长兄的威严。而老爸又是个非常孝顺的人，他不允许任何人包括自己忤逆父母。所以我奶奶在家里简直就跟皇太后一样，谁都得听她的，全家人以哄老太太高兴为基本的行事原则。百善孝为先，"孝"这个字在我们家里占据着绝对的地位，没有人敢去破坏它。

老爸是一个原则性极强的人，甚至有些固执。我记得自己从上学以后，就被要求每次考试一定要考进班级前十名，这是他设置的底线。我刚上初中那会儿比较贪玩，有一次考到了二十几名，把成绩单拿回家时老爸并没有说什么，但是从那天起他开始做一件事情：每天吃过晚饭后，8点钟准时坐在我卧室的书桌前看书，一直到夜里11点，他才离开回房间睡觉。

每天整整三个小时，他不和我说话，只管看自己的书，也不管我在做什么。但问题是，我还能做什么？只有乖乖地坐在他的对面学习到他离开。而且我清楚地知道，这件事情一定是要到我考回前十名才会终止的。对我的教育也和他做人一样，默默的，但是有自己的想法。虽然我有种吃哑巴亏的感觉，但这样的方式确实也行之有效。

从父亲的身上我传承了人最高贵的品格：正直。但同时，在这个纷乱复杂的社会中我和他一样为此也吃了不少的亏。小的时候，他总是严肃地告诉我："君子有所为，有所不为！"我总会淘气地接一句："可我是女子啊，哈哈哈哈哈哈哈哈哈。"而现在，在面对很多事情的时候，这句话却时常在我的耳畔响起，甚至深深地影响着我人生道路的选择。

所谓血脉，必有传承。我和父亲的性格有极其相像的地方，我们有所失，也有所得，我们愿付出所有保持内心的澄澈。

从小到大老爸很少夸赞我，他只是一直默默地关注着我的一切。他是我的第一个观众，我的每一期节目他都在看，或许有一天，我终将告别舞台，他一定是站到最后的一个观众，目送我的背影离开。

## ·六年的小学，只读了两年·

每所学校里几乎都有跳级的小孩，大多是出于一个原因：学习成绩特别优异！所以他们不需要一级一级地念，可以申请跳级，直接跳过某个年级，不念这个年级的课程，但是学校会要求必须得跟上新年级的课程，否则学校就不允许再跳级了。而我虽然六年的小学差不多只读了两年，我却从来没有跳过级。

我从小身体特别不好，从上小学一年级开始，差不多每天都会莫名其妙地头疼、肚子疼、发低烧，等等。经常是上着上着课我就病了，然后老师只好派班里的同学把我送回家。

开始我也觉得没什么，反正病了就回家休息或者到医院打针。可是每个月我差不多都要住院10天左右，医院也不能确诊我的病情，我只好又出院回家休息。这样反反复复折腾着。我妈发现每个月我都要被送回来几次，不但我不能上课，送我回家的同学也会因此耽误功课，所以我妈每天早晨会问我，有没有哪里不舒服？如果我不舒服，她就让我在家休息，不要去上课了。在到我读五年级之前，我虽然不是每天都不去上课，但每个月也就差不多只能去一周吧。爸妈为了给我看病，带我去过佳木斯、哈尔滨等地方，甚至到北京求医问药，都是无果。

　　我记得我小学只上过数学、英语、语文这些主课程，从来没有上过体育课、美术课和音乐课。我在一个学期出勤都不超过一个月的情况下，还是能在班级里考到十几名。因为我爸妈都能教我，而且对我的要求很严格。身体不好的时候可以休息，但是在我身体好的时候学业是不能落下的。我的自学能力很强，虽然三岁还不识字，书上的故事通过爸妈念给我听一遍，我就能记下来，到我五岁就能背诵《唐诗三百首》里的大部分古诗词了。所以我即使不去学校，课程的学习和同学们也是同步的，我也总是能顺利地通过期末考试，进入新年级学习。

　　我就这样断断续续地念着书、考着试、看着病，很少到学校去上课。

　　最令人惊奇的是，到我五年级的时候，我的病突然就好了，以前那些毛病

全都不见了，我身体原来不舒服的地方都不疼了，我也不需要经常在家里休息养病了。直到现在我都不清楚：我为什么生病？我生的是什么病？我的病是怎么好的？

回到学校正常上课的感觉真好！和小朋友们在一起读书的感觉真好！我第一次完整地上完了一整个学期的课程，在五年级第一个学期的期末考试中，我考了全班第一名。从那个时候开始老师们都说我是个聪明的小孩，而我也发现自己是有学习能力的，只要我认真、努力，我就可以获得我想要的好成绩。

我开始陶醉在学业里，感觉学习的过程是非常有趣的。我不停变换着语调去读我喜欢的语文课文，从不同的角度思考每一道数学题，每天用英语跟爸妈说话……我感受到了从未有过的快乐。而我爸妈也教了我一些好的学习方法，使得平时不是那么用功的我，总能获得好的成绩。所以兴趣和学习方法，才是获得好成绩的法宝！

六年的小学，我只完整地读了五年级和六年级，不能不说是有些遗憾的。孩童时代同学们能在操场上玩，我却不得不躺在病床上。他们拥有五彩斑斓的少儿时代，而我的世界苍白而单调。

终于，戏剧化的小学时代结束了，我在小学的升学考试中，以优异的成绩升入了初中，进入了青春的叛逆期。

时过境迁，忆及童年，脑海中早已没有了病痛的景象，更多的是感慨于父母面对这样一个病歪歪的宝贝，当时是怎样的心力交瘁。感恩，有家人。

# ·错一个字，全部重写·

虽然，上五年级前我经常生病，身体很不好，但我爸妈总是很忙，不能在家照顾生病的我，于是独自在家成了我的家常便饭。我也希望自己快点好起来，试着锻炼过，可是我的身体很虚弱，不能剧烈活动，否则容易咳嗽，还会出很多汗。经常是我妈把我送到学校，人还没走开，我已经在椅子上歪倒了，同学们就从窗户里大声喊："阿姨，她又病倒了。"我妈赶紧跑进来把我抱起来，摸一下我额头，看看我的状况如果很严重的话，就送到医院，如果不是很严重，只能带我回家休息了。

记得在我生病的时候，我爸妈总是和大家说："我们也不盼望她能成功成才，读什么大学啦，只要她身体健康就行了。"

所幸的是，到了初中以后，我的身体状况有了很大的好转，医院也确认我已经康复了。这本来是个天大的喜讯，可也正是因为如此，我曾经没有品尝过的种种滋味就接踵而至了。

学校的各种课业和考试也就算了，我爸妈望子成龙、望女成凤思想的苗头也越来越疯长了，他们像所有家长一样，希望我考试拿第一，希望我的各方面

都比别的小孩棒。

在我的印象里练字可谓是第一大苦差！

我妈让我练字的时候说得可好啦：字是女孩子的第二张脸，把字练好了，无论什么时候，你只要拿出一手好字，人家就觉得你是个文化人。好吧，我就这样上了她的套。为了我的第二张脸，为了像个文化人，我开始了临摹。每天临摹十页楷书，日日如此，月月不辍。不出半年，我的楷书已经像模像样了，于是顺利地通过了母亲大人的验收。不成想她还要我继续练行书，好吧。行书也是这样照猫画虎，练了大半年，字帖上的每个字我都临得有八九分像了，有的到了不想再看第二遍的地步，终于也通过了母亲大人的考验。我很得意，让我妈验收，结果我妈略沉思了一下，出了最难对付的一道题：在限定时间内完成某个大作，绝对不能有错字。

天啊！我病好了又产生了打字机的功能？没办法说服我妈，只好硬着头皮写了。于是我大笔一挥，好一番行云流水，疾驰如电。写完后你往那练字本上看，只见水流湍急，巨石粗犷，兼有风中乱舞之柳絮……

这明明是过犹不及嘛，本来是要训练淑女的，结果练就了旷达的男子之风。我那字体里可以说含蕴丰富

啊，完全表达了我内心的不平和我洒脱的性格。

不过我妈看了扑哧一声，说她看不懂。当然啦，除了本小姐自己，谁能看懂这样的狂草？

只是没有想到这个硬功夫来日竟然派上了大用场。到高中课业繁重的时候，我竟然能一边听课，一边把老师的讲义誊写下来。这是多么棒的复习资料啊！我有一份老师的讲义在手，学习起来如虎添翼。我誊写的这份讲义除了我自己，也是无人能识别。因为誊写时我的大脑和手是分开的，大脑还在听课，但是手像记录仪一样把老师的话写了下来，至于字体，那当然是狂草啦。

　　这手硬功夫在我后来的工作中，也有不小的帮助。我参加《中华好诗词》录制的时候，当屏幕上出现一整屏的内容，相当于正常一页纸的文字量，我瞬间就能把它印在脑海中，然后脱口而出，所有的"小伙伴都震惊了"。我想这就是小时候那种速写和记忆的训练，让我能够达到今天的这种状况。

　　这里不得不说说作业，作业是我的第二大苦差！

　　无论是小学还是初中，很少有人不对五花八门的作业望而生畏的。写完语文写数学，写完数学写化学，写完化学写英语，写完英语写物理……记忆中我的作业虽然没有那么多，但是至少每天也得花两个小时吧。写完后交给我妈检查，她认为没有问题后才能去玩。可是如果我妈检查的时候发现错字，我就悲剧了。她会把错字指出来，让我知道那里写错了，然后把作业给我撕掉。这可是我辛辛苦苦花了两小时写完的啊，而且里面的题目我都会做，只不过写错了一个字嘛！这时我会说，你就让我把它改过来不就行了吗？我妈妈却有她的道理：写个作业都能出错，以后做事也这样出错怎么行？

　　我直接从写完作业的那种轻松飘浮的感觉里，坠入了痛苦无助的小溪里，脸上和心里都是湿漉漉的。别的小朋友都可以去玩了，我又得坐下来写作业。虽然泪流满面，但是我不敢让眼泪滴落下来，因为弄脏了作业本又要重写了。

　　现在想想，这种教育方式是不对的，它对小朋友的内心是一种极大的摧残，简直就是那种"错一个字，罚抄500遍"的升级版。所以这种教育无疑给我带来了一些负面的东西。比如说，我很怕出错，我怕因为一点点的错误，而导致整件事情从头再来，所以我可能比常人容易焦虑一些。

　　为了不出现错误，我写作业的时候会更加认真，写完检查是必需的，当然这样的作风也影响了我做其他的事。我发现因为我在工作上的认真，每做完一件事情后都非常认真地检查一遍，我的工作没有出现过这种小差错。我开始意识到，老妈的教育对我整个人生都是有好处的。从这点上看，很难说老妈的教育方式是对的还是错的。因为小孩子都要经历一个习惯的养成过程，当然这种习惯的养成需要假以时日，需要一定的方式。也许有的父母选择的方式与我老妈的不同，但是殊途同归，都是希望我们养成好的习惯。

　　当我逐渐成熟，能够主动地调整自己的状态时，我发现还是利大于弊的。尤其是当我有了自己的企业，我常能看到其他人看不到的小小的失误，当我指出来，结果"小伙伴们"又"震惊了"，他们常吃惊于我为什么能关注到这样的细节，而我反而会感到惊奇："为什么大家容易在这个问题上出错？"

　　养成一种良好习惯，对将来的整个人生是很重要的，我之所以今天能有一点点成绩，和小时候父母的这种摧残式的教育是有关系的。好的习惯，能让人受益终身，也许过程是辛苦的，但都是为了未来的甜美，那点苦又算得了什么呢？

# · 班花不是白雪公主 ·

小时候我很喜欢照相，因为觉得自己长得特别好看，现在想想也不知道哪里来的自信，还一直耿耿于怀琼瑶阿姨为什么不找我去演电视剧。所以每次照的时候都笑得很甜，照完后巴望着相片快洗出来，那种感觉真是美妙极了。

不过那时照相的机会并不多，因为相机像奢侈品一样，大多数人照相还是得去照相馆。我家也不例外，好在我爸妈也想着要留下我儿时的模样，所以我小时候的照片并不少，我家墙上相框里、桌子的玻璃板下面随处可以看见。逢年过节有客人来我家，看到相片都会夸我长得好看，我爸妈听到心里也美滋滋的，这是家有女儿的父母非常自豪的一件事吧，这也是从出生开始我带给他们的第一份荣耀。

其实好看这件事，我本身也是受益者。我记得在读小学的时候，就经常有那种艺校的老师来招生，招学跳舞的小朋友。选拔的标准是要长相好、身材高挑、比例匀称、腿长，等等，谁被选中了就可以去艺校读书。每次来都选中我，但我妈却不同意，她觉得我读书、考大学才是正途。

虽然艺校没有上成，但由于身材比例出色，却依然获得了学校领操员的资

格。就是我一个人站在高台上，带领全校同学做广播体操，那种感觉对于一个孩子来说特别的爽。

其实在读小学和初中的时候，孩子们是不会过多比较服装、家庭条件的，而是把更多的目光聚焦在学习成绩上。如果某个女生长得比较好看，学习成绩又好，她自然会受到更多人的关注，机会就比较多。所以学校总是派我去参加各种各样的比赛，而且我都很争气，总是能拿到一等奖。于是我就成了一个会被大家关注和期待的同学，我也因此沾沾自喜。

但不是所有事情都那么一帆风顺的，尤其是到了中考阶段。我们那个城市不大，但是考生却不少，一个市有几大区，这些区的初中加起来有上百所。可所有的高中里只有一所省重点，这所省重点中学是全市高考的龙头，每年只招正式生206人，比考大学还难。

为了让我能考上一中，爸妈把我送到老师家寄宿。所谓寄宿就是住在老师家里，让她盯着你复习功课，备考一中。那时候老师家里有20多个学生，大家每天除了上课就是拼了命学习，每天晚上都要学到12点。但是我到晚上9点是一定要上床睡觉的，因为对于我来说睡眠是天，如果我睡不够，智商就不够。睡饱了，我看十分钟就记住的知识，睡不饱花四个小时我也记不住。

可是大家都不理解我，觉得我不努力上进。老师跟我妈妈说："全宿舍的人都能考上，左岩也考不上。"

我妈很难过，她说："你就不能努力一点吗？我们花钱在老师家住着，就是为了让你好好学习。你可倒好，跑到人家家睡觉去了。"

结果是中考结束，全宿舍20多个学生，只有我一个考进了全市206名，并顺利地进入了一中。这冥冥中似乎说不清是幸运、是固执，抑或是每个人有自己的生活方式和努力的方式，只是其他人不懂而已。

高中的我们，正式进入青春期。除了愈加繁重的课业，还多了些许少男少女的心思。

那些年，没有微信和Email，却有很多漂亮的信纸，把带着不同香味的它们，装进粉红色或咖啡色的信封里，写下心里的独白送给懵懂青涩的爱恋者，

只有纯情，毫无赤裸。

　　我没有在收到后就立刻扔掉它们，而是小心地珍藏至高中毕业，那些"情书"竟也装了好几袋子，那或许是真正的青春的印记。

　　但我的父亲，对，就是那个正直而严厉的父亲，怎么会允许这样"不合规矩"的事情发生？

　　所以呢，班花是班花，但注定不是白雪公主，因为王子都被我爹阻截在了来的路上，我欠青春一个童话故事。

# ·知道什么是挫折的那一年我15岁·

　　80、90年代出生的人都会唱《后来》这首歌，我最喜欢那句"后来，终于在眼泪中明白，有些人，一旦错过就不再"。其实，"一旦错过就不再"，它本身说的就不只是爱情。学业上，答错了一道题也许就和名牌大学失之交臂，这是一种难以言说的痛；生活中，与挚爱分手再难聚，这是一生都无法释怀的情愫；事业上，与一次良机擦肩而过，会让人无比遗憾……错过与挫折一样，就像打翻的五味瓶，酸甜苦辣样样皆有，它在人的整个旅途中如影随形，你哭也好，痛也好，都无法改变，无论怎样地挣扎，它就在那里。

　　从小到大我在学业上都是一帆风顺的，虽然不是那种特别努力的学生，但有一套自己的学习方法能获得好成绩。除了学习之外，我也时常参加校内外的一些活动，并取得很好的名次，因此在校时期也算风云人物。不错的成绩、不错的人缘、老师对我不错的态度……一切都是"不错的"，而我也安于这种"不错"的状态。

　　15岁的那一年，发生了一件小事，小到与我后来的生活中所遇到的挫折比，实在是微不足道，但它却让我知道了，什么是挫折。

当时的我刚刚考进省重点高中，还处在胜利的欢愉里，无时无刻不接受亲朋好友的赞许和鼓励。第一个学期末学校要举办校园艺术节，有特长的同学就去参加跳舞、唱歌、相声等节目。晚会还需要主持人，很多同学都去报名了，我也很积极地参加主持人的"竞选"。我在读初中的时候，参加"语文四项基本功全能大赛"在全市拿了一等奖，而平时的演讲比赛都是第一名，所以我对自己很有信心。追溯起来我从上初中就渴望自己将来能成为一名主持人。

主持人的挑选主要是考察几个方面：身高、外表、嗓音、表达能力，等等，经过几番筛选就剩下了我和另一个漂亮的女生，刚好她也是我们学校的校花，也和我一样是自己考上省重点高中的，所以我们一下子就熟悉起来，关系特别好，我们都为有彼此做搭档感到满意。

可是临近晚会开始的某个日子，学校却突然通知这次晚会只需要一个主持人。我当时感到很难为情，因为我们关系那么好，她陪着练了那么长时间却不能上了，真是很可惜。想到这里，我就想安慰她一下，于是过去拉着她的手说："真是太遗憾了，你不能上我感觉好伤心，我的朋友不能参加比我自己不能参加还难受，希望我们以后还有机会一起主持。"

接下来就是等待学校通知什么时间去彩排了，以前每次学校一通知彩排，我就第一个站起来，因为我是主持人，我得赶紧去彩排。这次也不例外，当班主任老师来通知彩排的时候，我就站了起来，结果班主任说："左岩，你不用去了。"

"不用去了？为什么呢？"

......

　　不用去了？总得有个理由吧。班主任没有任何解释就走了，丢下全班五十多个人，五十多双眼睛都在看着我，我站在教室中间，周围静得掉一根针都能听见，我甚至听到了自己的心跳声。我感到无比的失望、沮丧、丢脸，反正说不尽的难受……

　　对于一个15岁，在学校里从来没有遭遇过挫折、被众星捧月的小公主来

说，这无异于晴天霹雳。

什么叫作期望越大，失望就越大？我那天整个人都被难过的情绪笼罩着，脑袋迷迷糊糊的，好朋友们见我状态不好，都赶紧过来劝我，陪在我身边。

那天双鸭山下着大雪，特别的冷，仿佛骨髓都会结冰。放学后朋友们陪着我一起走出学校，那天我们没有像平常一样坐公交车，而是走进了茫茫雪地里，雪特别的新鲜，我们每踩一步都留下一个脚印。走过后留下了一条远远的、长长的痕迹，一直向家的方向延伸。我茫然地在雪地里走着，任由脚下的雪嘎吱嘎吱地作响，心始终被一样东西揪着，疼的感觉这样的清晰。

走了四五十分钟终于回到了家，爸妈竟然不在家。晚上把自己锁在小屋里，哭了整整一夜，我觉得没有任何原因就让我退出是不公平的。

到了半夜，爸爸从门缝里塞进来一个封信给我，信是用铅笔写在一张很硬、很光亮的纸上。信上说他们为有一个我这样优秀的女儿骄傲，但作为父亲却不能在这些事情上帮助我，他觉得自己很惭愧，所以很多事情，我只能靠自己的努力才能获得。

第二天爸妈等我情绪有所平复才告诉我，原来他们看我没有按时回家，就到学校去找我，不知道谁告诉他们可能是因为对方家里的关系，才让我失去这个机会。事实到底是怎样的无从考证，现在想想也许就是因为我不够优秀而已。但我的父亲听到这样的理由却陷入了深深的自责，觉得是自己给不了女儿足够的支持才会让我难过。

爸爸给我写的那封信我一直放在钱包里，它伴随我很多年，对我来说异常

珍贵。每次遇到挫折、失败的时候，我总会把它拿出来看看，后来日子久了，那些用铅笔写的字迹越来越模糊，但我却依然记得每一句的内容和意义。

我记得李嘉诚先生说过这样一句话："这个世界生来就不是公平的。"的确如此，有的人是含着金汤匙、生来就能过上优越的生活和日子；有一些人，就如我们，必须要去拼才会有所得；有的人可以拼爹，而我们只能"拼命"！

15岁那一年，我知道了这个世界不是你努力了就一定会有所得。任何竞争的关系，只要是在条件同等的情况下，备选对象就会有其他因素的干扰，导致结果产生一定的偏差。所以，若势在必得，便需做到除你之外，没有更好！

就像有个妹妹在微博上跟我哭诉，她去应聘，单位招了五个人，她考了第五名，结果被有关系的顶掉了，她抱怨这个世界的不公、人性的复杂。我给她的回复是：下次争取考第一，就没有人能顶掉你了。

挫折，是个不受欢迎的词，但是没有人可以不路过它。有些人走过，让它成为回忆路上的风景；有些人走不过，或纠结其中，或掉头返航，或避之绕远路而行。与其碰面时沮丧、苦恼、纠结不堪，不如展开羽翼让自己迎风飞翔，礼貌地和它对视，问候：挫折，你好！也许会有另一番景象呢！

# ·妈妈的爱·

很小的时候，母亲给了我很好的家庭教育，无论是在做人还是在做事方面。比如说，女孩子不许在马路上边走边吃东西的，那是没有教养的表现；比如说，吃饭的时候，大人没有动筷子，孩子是不能先夹菜的。再好吃的菜不可以连夹两口，而且只能夹靠近自己的盘子里的；比如说见到长辈要主动打招呼，说：张阿姨好！如果阿姨有事情没有和你聊，才可以走开去做别的。

妈妈还告诉我："不许要别人的礼物。你不要到别人家里看到好玩的东西，就迈不动步，你可以回家告诉妈妈，妈妈买给你，但是你不要表现出来你很喜欢别人的东西。"这样的教育，对我后来的影响是非常大的。作为一个女孩子，不可以乱拿别人的东西，否则你拿了人家的，就是欠了人家的。

以至于长大以后，直到现在，我所有的包，都是自己买的。"花自己的钱，买自己的包，装自己的故事。"是妈妈给我的座右铭。

母爱是一棵参天大树，覆盖了我儿时的整个世界。我曾经无数次地跟人提到我的母亲，记忆中的她善良、大大咧咧、爱管闲事，单位里同事闹矛盾都喜欢找她评理，家人之间有隔阂也都是她从中调解。如果她有10块钱，她愿意

把这10块钱全都给身边的亲人和朋友，而她自己吃什么、穿什么都无所谓。然而，"好人一生平安"这样的鬼话，我很小的时候就不信了，"好人"和"平安"这两个词，是没有必然联系的。我善良、正直的母亲因为疾病离开了这个世界，那一年，我11岁。

妈妈得的是绝症，我的父亲在能力范围内找遍了医生来给她看病，花光了家里所有的积蓄。烟一根接一根地抽，头发渐渐地变白。最初他们是瞒着我的，他们不瞒着病人，却瞒着我这个孩子，可是当我看到妈妈的药瓶上是没有标签的时候，便明白了一切，并认真地告诉他们，我知道了，且愿意和他们一起面对。

我们甚至病急乱投医，做了很多不管是有用还是没用的事，当时只要有任何一个人说你这样做有一点希望，我们就会去做。有一次不知道从哪里听说儿女磕头能保佑母亲平安，于是我磕了整整一上午，不记得自己磕了490个头，还是4900个头，等磕完整个人都站不起来，直挺挺地倒在地上了，心里却因为这样愚蠢的行为而充满希望。

但是母亲还是走了，在冰冷的病房里，母亲用最后一点点力气握着我的手，我们全家人一起等待死亡的降临。那是一件极其残忍的事情，我们知道这一切必将发生，却不知道会在哪一刻发生，于是我们静静地、无能为力地等待着它的发生。我永远都记得那个"等死"的过程。

那一天，像人们常看到的影视剧画面一样，我抓着推母亲的车不放，然后被亲人们使劲地分开，然后我晕倒了。第二天早上醒来，发现自己躺在父亲的

怀里，我知道他抱了我整整一夜。他说："还有咱爷俩呢。"

那段时间我没有办法去上课，整个人在家里面，也不吃东西，就靠输葡萄糖之类的液体维持生命。但是，时间终究会治愈很多伤，无论大人还是孩子。我慢慢地恢复着，好起来了。

有一天我爸来到我身边，差不多是用战战兢兢的声音问我："你愿不愿意让我给你找个新妈妈？"

这个问题其实我已经思考过一段日子了，于是我完全没有犹豫地回答："好啊，你就找一个吧。"

我非常愿意、也非常感谢有个女人能到家里来照顾我的父亲，因为我非常清楚，再过几年我就要考大学了，大学毕业后将会开始自己的生活，我是没有办法一直陪在我父亲身边的。

那爸爸就成了孤单一个人了，他总得需要人来陪伴和照料。现在想想，当时的那个11岁的女孩是多么的"开明大气、深谋远虑、智商情商都处于人类上限"啊！

我妈在走之前就曾经给我爸介绍过一个人，是他们俩原来的同学，那位阿姨是个老师，人非常淳朴。我妈觉得她肯定能照顾好我们，因为她有文化，人又好。可是我父亲却跟人家不太来电，虽然我妈走的时候，我爸答应得挺好的，但是后来我爸就没有跟人家好。当然他们也没有开始，只是我妈一厢情愿地撮合。我妈也真的是醉了，但这才是真爱，不是吗？

  后来爸爸带了一位阿姨来我家里，她胖胖的，长得和善喜气，人也不错。我爸问我怎么样，我说："挺好的，跟你过，也不跟我过，你喜欢就好。"现在想想十一岁能说出这话，真的也是够早熟的，一定是电视剧看多了。爸爸也很高兴。后来这位阿姨就带了个弟弟来，于是我们一家四口就生活在一起了。

  刚开始的时候大家并没有那么熟，这也是很正常的，人与人之间不可能一下子就特别热络，那样很假。但是当时我并没有一

些小朋友的那种排斥感，难以接受陌生人到家里来。我当时就在想，竟然有人愿意来照顾我们，而且以后还能照顾我爸，这么好的事，真不知道用什么词来形容。我是带着一种感谢的心情度过那段日子的。

这样平静地过了半年，到了五月的第二个星期日，是母亲节。我想准备一份礼物欢迎这位新妈妈，可是显然我是没有钱的小孩。于是翻出了我妈给我的东西，都是一些金的耳环和戒指之类的。但这是我妈的东西，就这样送给她肯定不行。于是我就把它们拿到一个金店里去，融化后打成了一个项链，是当时最流行的款。打好以后，我又买了花给她。我的内心是在表达我对新妈妈的认可，就像是我对母亲这样一种情感的传递。我拿着花和项链，涨红着脸叫了声"妈"，这一叫，已经快20年了。

估计大家是《白雪公主》看多了，觉得后妈都是坏的。以至于后来，总有人问我："你后妈对你好不好？"他们好像总想听到否定的答案来验证他们固有的价值观念。从来没有人问我："你对你后妈好不好？"

其实，在当今的社会上，由于物质的丰富，不存在继父母虐待孩子，不给饭吃这样的事情了，所以基本上在后组合的家庭中，继父母反而是弱势群体，一旦和子女发生矛盾，没有人会觉得孩子有错，都会怪"那万恶的后妈后爸"，一定是他们虐待孩子，即使孩子有错，也会替孩子辩护：孩子那么小，不懂事，你个大人怎么能和她一样呢？

而在我的家庭中，我用我的懂事、我妈用她的善良换回了彼此全部的爱与温暖。

我愿意把她当作朋友。记得我在读高中的时候，就喜欢把学校发生的所有事情都讲给她听，而且是她走到哪我追到哪儿的那种。比如说，她在做菜，我就搬个小板凳坐在厨房讲给她听；等她把菜做好了端到桌子上，我就坐在椅子上给她讲。我很爱和她聊天，也许这种沟通导致了后来我们关系处得相当的融洽。不管到哪里，如果我不告诉别人，没有人知道我们是个后组合成的家庭。

后来有一次爸妈吵架，我妈生气地说："离婚可以，左岩得归我！"现在想想都觉得我妈的这句话好是任性。

我和我妈真的很"相爱"。

记得小的时候有一次发水痘，脸上很痒啊，总是想抓。但是如果把脸抓破了，脸上就会留下痘印，而这时留下的痘印是一辈子都不会下去的。

发水痘的时候一般都伴随着发烧，迷迷糊糊地睡着，手不自觉地就会去抓。我妈就一整夜守着我，按着我的手。她说主要是担心我把脸抓花了以后嫁不出去。

后来由于工作的关系，我妈作为嘉宾上过我的两个节目，没有任何同事察觉我们并非亲生母女。

有一段时间，我的状态不是很好，妈妈来杭州陪我。我知道她是个特别爱显摆的小老太太，特意叮嘱，出门不许打着是我妈的旗号，占杭州人民的便宜。她说好。可是短短三个月的时间，她给小区物业的大姐寄来了老家的黄豆，给看监控的阿姨包了酸菜馅的饺子，给小区门口卖煎饼的大哥的女儿送了我不穿了的衣服，还去菜市场卖鱼的大娘家里学了杭州的清蒸鲫鱼……在她走后的第三天，门口服装店的店员们集体问我："左岩，你妈走啦？"

虽然没有骨血的关联，但是得有多大的缘分，我们才会相遇、相亲。

　　这个乐观善良的小老太太如今正在家里照顾那个正直、倔强还常常惹她生气的小老头，时常也会打电话过来抱怨，他们又吵架了，我老爸又不听话。我也只是听听、笑笑，宽慰几句。正如｜一岁的我想的那样，日子终究是他们一起过的，我能做的只是让他们的生活过得更好，没有压力和负担，但陪伴这件事，我能做的实在太少。

　　对于我妈，除了感谢，无他。

## ·一个人，一只包，从北到南·

高考结束，孤独上路。3177公里很长，包里背着爸妈的期许和嘱托，一个人从北到南。

报考浙江传媒学院，一开始，我父亲是不同意的。

因为当时我想报考的浙江传媒学院虽然在业界是响当当的传媒类院校，有很多的知名校友在行业内颇有建树，但2003年的它还是一个对全国招生的专科学校。而我高考的成绩远远超过本科的录取分数线。

我老爸当时说："读了这么多年书，成绩也不错，上大学还只读个专科，都没有你老子我学历高！"

虽然我爸是郁闷的，但我是决绝的，杭州，我去定了！

艺术类的专业由于师资、硬件等教学费用投入得比较多，学费自然也就比较高。通知书上写着一年9 000大洋。这还不算，加上生活费、住宿费、书本费，一年下来最少也要3万左右吧。而当时我弟弟也上高三了，面临高考，对于工薪家庭的我们来说，压力是比较大的。

所以在开学前，我就提出不要爸妈送我去了，我自己可以去报道。因为如果他们要送我的话，来回的车费、住宿费，还要再花很大一笔钱。

刚做完急性阑尾炎手术的我，买了一张火车的卧铺票。由于不能提重物，背了个双肩包，就出发了。一个人从双鸭山开始，一路到达哈尔滨，再从哈尔滨倒车到上海，然后再从上海倒车到杭州。

那年我还不到18岁，第一次真正意义上的远离家门，去千里之外的高校求学。一路上虽然有些疲惫，但是总能想起爸妈的叮嘱，心里还是暖暖的。火车一路向南，我睡睡醒醒，时常望着窗外，隐隐地感觉故乡越来越远了，我知道，属于

我的人生真正开始了。

终于抵达目的地——杭州。

被师哥师姐接到学校的时候已经天黑了，宿管处要求新生交400元先领被褥，第二天再办理入住手续。可是我身上一分钱都没有了。我出发前我妈就说，先不要往我的卡里存钱了，在老家办的卡到杭州消费，是有手续费的。让我到学校以后去银行办一张，再把钱打到我的卡上。现在想想我妈心是有多大？

第一次遇到这么尴尬的事情，18岁的小女孩，人在他乡、身无分文。"在家靠父母，出门靠朋友！"问题是我也没有朋友啊！没事，现交吧！抬眼看到一个人——接我的师姐，她正一边帮我放置好行李，一边告诉我报到处的所在位置。我心里想，就你了！我鼓起勇气大声地跟她说："师姐，你能不能先借给我400元钱，明天钱到了我就还给你。"至于为什么大声，因为需要壮胆。

她当时稍微愣了一下，然后就点头说："好啊。"其实当时的大学生活费一个月就千八百的，她答应借给我这样一个陌生的同学400

元钱，我很是感动。开始发现身上没钱都没有想哭的冲动，这会儿却有些情绪了。

　　这是我这辈子第一次，也是唯一一次借钱，结果是，我对杭州、对母校、对我即将展开新生活的地方充满期待，对陌生人撤下防线，和所有人以诚相待。后果是，我后来时常借钱给朋友，但他们通常都是不还的，想想都是泪，

暂且不提。

　　顺利地领到被褥，看到同学们都是爸妈忙前忙后铺床打水，心里也是酸酸的。

　　就这样，到杭州的第一天，孤独与温暖同在，却也是一夜安眠。

　　一个人，上路；

　　一只包，装满；

　　从北到南，不同的除了温度，还有生活。

# · 从第一名到倒数第一名 ·

　　走进美丽的象牙塔，开启人生中最纯净的时光旅程，每一分钟对我来说都是珍贵而难忘的。这时间过得那么快，一转眼就毕业了。但我的大学成绩单充满了戏剧性，第一个学期班级考试的第一名和最后一个学期班级考试的最后一名，都是那个叫"左岩"的同学。

　　毕业前夕就是要去实习，我去了梦想当中的湖南台，实习阶段对我们的人生来说是新鲜的，我经常与同学们互诉衷肠。大多同学觉得实习是很艰苦的，因为会碰到许多书本上没有的东西、学到又不会用的工作技巧、应对各种难题和各种身份的人，等等。而我却并没有多少这样的体会，因为我的实习相对来说单纯很多，没有需要处理的各种关系，只是一个热爱电视的小孩和一群热爱电视的大人们一起奋斗的故事。

　　湖南台当时是娱乐界的翘楚，它的实习也很特别。有专门的导演或者制片人给我布置任务，学习当下最红的综艺节目，比如如何互动、抛哏接哏。并且让我到电台去，跟着电台的主持人学习，从他准备稿件开始，一直到他整个节目的播出。还被分配到外景节目当中去，让我跟外景的主持人学习如何互动。

整个实习的时光，我基本都是在学习，而不是在工作。

　　匆忙的一天下来，学了很多课本上没有的知识，心里感觉很充实，面对未来的生活很期待而且兴奋。晚上通常回到家已经10点多了，但我不能马上休息，因为台里要求把今天学到的东西用文字写下来，再交给我的领导看。这个学习和整理的过程真的很棒，我迫不及待地把一天学到的东西记录下来，还写了自己的体会。当时并不知道这样做有什么大的用处，直到后来参加工作，发现我对实习的内容记忆犹新，我在那几个月里学习到的东西，对我未来几年的主持生涯都是受用无穷的，所以我对拥有那段经历非常的感恩。

　　但人生中往往有那么几次重大的选择是决定未来的，就在实习期结束的时候，我接到了浙江卫视抛来的橄榄枝，我陷入到了矛盾当中。一个是我多年向往之地，而另外一个彼时正值大刀阔斧改革之际；

一个有着"娱乐至死"的精神，一个有着"搅动风云"的可能。

在艰难的抉择之际，最终影响我判断的是我内心隐约的一种愿景：就是当初高考时老爸希望我能直接上本科，而我也希望自己能有个学位。于是思来想去我决定回到母校——浙江传媒学院读本科。这个决定影响了最终的结果，我签约了浙江卫视。当然，浙江台的诚意，以及"山雨欲来"的改革，以及"大

台崛起"的信号也是我作出这个决定至关重要的因素。

工作上选择了浙江台，但选择读本科和能够读，完全是两码事。因为当时我们学校的播音专业没有本科，我要升本就得读其他专业。我选择了编导专业，这个专业是面向全省招生的，所以在生源广泛名额却非常少的情况下，变成了香饽饽。

报完名我就迅速投入到复习中去，编导涉及到很多我完全不懂的知识领域，比如：编辑、策划、剪辑、摄影、灯光，等等，真的是纯粹靠自学。回到校园以后我每天6：00起床一直学到晚上9：00图书馆闭馆，中间就出来吃一顿午餐。差不多复习了三四个月，感觉比考大学还要辛苦，我的记忆自动锁定了这段历程为我生命的"第二次高考"。

考试的内容很广泛，不仅限于编导专业的教材，还要考语文。我手上只有编导专业的几本教材，又买来了大学的语文课本，自己一点点把它们全部背下来、啃透。还好那时候我们寝室有个女孩也在考，我们在一起还有个动力，能够相互鼓励。

考试结束后，我的语文成绩竟然考了个最高分，而我的综合成绩——电视编导和语文两门加起来考到第三名。

就这样我拥有了双重身份，一面是浙江广播集团的正式员工，一面是浙江传媒学院的学生，这意味着我要一边完成正式员工的工作量——马不停蹄地录节目，又要完成学业。那时候正赶上浙江台处在大台崛起的时候，员工的工作量不断地增加，录制质量要求更是节节高，我没有办法挤出更多时间去上课。

但我的大学又是出了名的严格，老师绝不会徇私开绿灯，我就常常因为挤不出时间上够必需的课时而挂科。到2008年我即将本科毕业的那一年，我还要参加两科的考试才能毕业，这是学校的最后一次机会，要拿学士学位就必须通过这次考试。拿不到学士学位，将来就不可能拿到硕士学位或者博士学位，于是我必须参加这场"大决战"。

我记得很清楚，在去参加这个"大决战"的那天早晨，我来到教室，发现里面坐着的都是男生，估计都是平时的那些淘气孩子。我进去的时候，他们都看着我居然一起鼓起掌来。第一次感觉到被很多人熟知并不是一件太好的事情。

我终于还是通过了这次考试，结束了边工边读的生涯。尽管我很努力，但我所有的科目都是良。我们班里有非常努力学习的同学，那真是认真读书的，每门功课都在优良的水平，那本来是我想要的。最后总成绩算下来，我们班有多少人我就排多少名。从我大学入校的第一个学期的第一名，到我毕业时的最后一名，跨度不可谓不大。

我的大学，是一个浓缩的人生，起伏跌宕，精彩绝伦。第一名、倒数第一名都是我，可能并不是很多人都能经历这样的大学生活。

这一仗险象环生，过程真的是无比精彩，也许这是我想要开启美好人生的必经之途。

# 迷茫的青春里，
## ·我有一个叫"树"的朋友·

　　经过高三昏天黑地的复习，我终于走过了独木桥，走进了象牙塔。在考大学的时候，对大学生活无比向往，觉得那必是一个知识的海洋，爸妈也告诉我要如何充实自己，使自己学富五车，好出来在社会上有立足之地。

　　然而大学生活真正开始的时候，我突然不习惯了。同学们就像刚刚跑过万人赛季，进入了休息状态，这种感觉就像是紧急刹车，整个节奏和高中都对不上了。虽然这种生活特别有利于爱看书的我，因为课业比较轻松，一周就上三天半的课程，剩余时间可以自习，也可以去泡图书馆。

　　但高三的生活太有目标了，一门心思就是考大学，而大学却不是那么有目标性。过完了大学的第一个月，大学的新鲜感完全退潮后，我开始感到迷茫。这种迷茫让我痛苦，让我时刻不得安宁。因为我是一个不能没有目标的人，我甚至怀疑我是不是选错了学校。

　　于是在几个周末的晚上，我都在和别的同学谈心，甚至打通了高中同学的电话，说出了心头的困惑。结果我得到的答案是：所有的大学都是一样的！

　　既然改变不了环境，那我就只能改变自己了。我不想让自己失去动力，失去方向，我不喜欢这种不知道为什么而活着的感觉。

　　在增大阅读量的同时，我开始观察其他同学的生活。我发现，我们播音系的同学每天早晨都会去操场练声。平时我们在电视节目中听到的好声音，大多都是后天练就而成。每个人的声音条件不一样，付出的努力也会不同。我当时的声音和大家现在听到的，也是有所差别的，当时我的声音比较高，我就要比别人付出更多的努力去改变它。

　　于是我决定从练声开始，并制订了一个简单的计划，每天早晨6：00开始到操场练声，6：45结束，练完声再到食堂吃饭。

　　就这样，为了有一个好声音，我每天都坚持，可以说是风雨无阻。从某种意义上来说，这种习惯变成了我精神上的寄托，尤其是在大一的第一个学期。

　　一开始我是带着练声书，到操场的大树下去练，后来书里的内容我都能背下来了，可以不用带书，到地方就练了。我记得那段日子，我每天早晨到那棵大树下，面对着大树练声。有时练完了，还会摸摸大树的树干，和它说说心里话，久而久之，这棵大树成了我的好朋友。它是我练声的伙伴，是倾听我心声的知己，陪伴着我度过了一段宁静的时光，同时，它也见证了我每天的成长和进步。

　　有时候即使不练声，我也会捧着一本书，走到这棵大树下，静静地享受有它陪伴的时光，或者告诉它一些我心中的故事。似乎它总是能够懂得我的心声，有些烦恼的事情说完以后我就逐渐忘却了。

　　如今回想起来，那段与树相伴的日子，不知道自己是在和大树交流，还是在和自己的心对话。但我的内心里非常感谢这个叫"树"的朋友。它让我保持着练声的习惯 ，给了我更多思考的时间和空间，也陪伴着我度过了大学那一段迷茫的青春时光。

　　此时唯有双手合十，感恩它的陪伴，感谢那段岁月的静好！

# · 想说爱你不容易 ·

　　曾经的我包揽了台里所有的外景节目，常常被人称为是"活力四射的主持人，拥有西方人古铜色的健康肌肤"，这可能就是当时大家眼中的我。说到这两大印象，大概都是节目带来的效果，在银屏上我带大家一起相亲、闯关，遍尝天下美食，这些动感十足的节目想不"活力四射"都难，而其实我对"古铜色的健康肌肤"并没有多少好感。

　　从小我就是个大眼睛、白白嫩嫩的小孩，妈妈常说"一白遮百丑"，我觉得也很有道理，西方人变黑会有健康的美，因为她们五官轮廓清晰，身材曲线感强。但是咱们亚洲人从脸到身材都相对较平，皮肤略黑呢，穿衣服就挑颜色，穿不好就土土的。当然这纯属个人审美观，也有很多小麦色肌肤的人也非常性感，只是我觉得自己不适合黑色。

　　我的节目《男生女生》《爽食行天下》《冲关我最棒》《心跳阿根廷》《我爱北京奥运会》《卧底超模》都是外景节目，一录就是七年。外景节目拍摄时间长，需要出差到处奔波，风吹、雨淋、日晒，而且常常吃冷饭，拍摄环境艰苦……那时我一个月起码有20天是住酒店的。我也因此闹过脾气，问台里："为啥全台的外景节目都让我一个人录？"给到的答复是："你录得好啊！"好吧，我就爱听人夸，管它真的假的，录吧！

这当中，《男生女生》是户外真人秀节目，节目要求我们在贵州山区徒步走48个小时。有一天外面下起了暴雨，我们走到了一个工厂，男生呢，只好在外面搭帐篷睡在潮湿的地上，女生们都挤在厂里的锅炉房。我运气好，捞到一把椅子，坐在椅子上睡了一晚上。因为走得太久脚上全都磨起了大水泡，随便动一下就痛到要死，而第二天还要继续徒步走。按照规则输了游戏就没有东西吃，本来以为只是说说而已，没想到真的没有东西吃，真是又饿又冷又痛。但那会儿好像不知道什么是辛苦，觉得自己有工作，可以到处录影，已经太开心了，在辛苦的时候撒娇也是很可爱的那种。

做《爽食行天下》这个节目大概有三四年的时间，这是我非常感恩的一个节目，就是在做这个节目当中形成了我"天真无耻"的主持风格，也让我赢得了很多观众的喜爱。为了录这个节目，我吃遍了全中国乃至全亚洲的美食，可以说从一些稀奇古怪的，到一些大众追捧的美味；一些地方上闻名于世的小吃，到一些我们自己去找的一些地摊；只有你想不到的，没有我吃不到的。为此我们去过全国的各个城市、各个街道、各个民俗区，近到香港、台湾、澳门，稍远的包括东南亚的日本、韩国、泰国、印度尼西亚等国家，都留下了我们"吃货小组"的足迹。

我小时候非常羡慕《正大综艺》里那个外景的主持人，因为她吃东西和旅行都不花钱，我太想有这样一份工作了。当我的愿望实现了，才发现那跟我想的完全不一样，特别辛苦。我要早上五六点钟就起来化妆，一拍拍到晚上十点钟，中间往往连吃饭的时间都没有。只要开始录制就根本不停，是上车就睡觉、下车就开机的节奏和状态。而且一期节目要拍好几天，有的时候我坐了几天车，终于到了一个目的地，结果可能拍了一两个镜头就走了，这就是电视节目。我有些职业病是那个时候落下的，比如说，一上飞机我就要抓紧时间睡觉，但是姿势不对，所以导致了我的腰椎间盘突出，还不到三十岁的人，既不能久站也不能久坐，所以很多节目都没有办法接了。

　　《冲关我最棒》是一档大型观众参与性水上冲关节目，我们早上8点钟开始录，一直拍到晚上8点。那是夏天最热的时候，气温高达40℃，民工兄弟们都已经不干活了，但是我和我的搭档得站在一个完全没有遮挡的地方，主持这个节目。每分钟都有可能中暑。录制第一天，赛道旁的一个男主持人就晕倒了，被120拉走的，我真的是羡慕极了。每天中午的时候，我都要吃四个巨大的馒头。因为我觉得只有把食物吃下去了，我才不会死！晚上回到房间里就不停地吐。然后第二天再晒、继续吃馒头、回房间接着吐。整个人肿得和面包一样，但是也无所谓，因为主持人脸上也很少有镜头。录到第七天的时候，我觉得自己就快死了，站在台上忽然间天昏地暗，我有一种很幸福的感觉，我终于要晕倒了，太好了，我可以离开这里了！就在我倒下去的那一瞬间，我感觉自己被接住了，然后有人往我的嘴里塞了一片西洋参含片，我就醒了。后来呢？我就继续晒着，然后吃馒头，然后回房间吐……

　　虽然我也很注重保养，但是皮肤恢复的速度远远赶不上受伤的程度。后来我就成了"BLACK QUEEN"，也有人叫我"黑玫瑰"。我黑到什么程度？有一次我进棚主持一场晚会，服装师给我准备了一件金色的礼服，这件礼服本身没有问题，但是穿在了一个"黑人"身上！而且发型是一个大波浪！我妈后来跟我说："我当时看到远景一摇过去，四个主持人站在台上，我以为你们台来了个外国人呢！"

　　而晒得最严重的一次是录《心跳阿根廷》，南美的太阳实在是太毒了，我们在正午拍了一个环节，当天整个后背上的肉由红变黑，干干的，像是烤焦了

一样，一碰就生疼，只有泡在水里才会有所缓解，结果整个人也发起高烧了。后来当地的朋友拿来了晒伤膏，又给我榨了仙人掌，把它们混合了给我敷在后背上，三天才好。

于是，原本"小白"的我，就这样"一黑不可收拾"。

工作就是这样的，欲戴皇冠，必承其重！

永远记得一句话："从来没有一份工作是钱多、活少、离家近的。"没有一份工作是完全可着你心的，什么样的人无论有怎样的成绩，他也有他无奈的地方，所以没有抱怨——虽然我不黑。

## ·挑战主持人·

　　我很小的时候听过一个故事：一个小孩非常想要快快长大，于是去问老人，老人说要走很多很多的路，才能长大。于是孩子背上包袱，走过了千山万水，走过了春夏秋冬，他长大成了一个帅气的小伙子。一路他遭遇了无数的艰难险阻，感叹成长竟然需要经历这么多痛苦，他再也不想长大了。与其说人是在成长，不如说人是在挑战未来，无论你做出怎样的选择，鲜花伴着眼泪，美酒和着心酸，那种种滋味你都别想逃避。

　　我读大二时正好19岁，那是个青春懵懂的年龄，作为一个著名艺术院校的学生，我特别想让自己的大学生涯更加色彩斑斓，于是我尝试了校内、校外，甚至社会上的各种比赛。那个时候的我可以用不知天高地厚来形容，因为不管我对比赛有几分胜算，我都会鼓起勇气去试试的。

　　记得那是一个杭州的礼仪大赛，我报名参加后，竟然通过了层层的海选，赢得了最后角逐的机会。决赛那天我不停地给自己打气，化妆师在我脸上一阵忙碌后，我发现镜子里的自己已经变成《葫芦娃》里的蛇精，那个妆真的挺浓的，估计出门能把邻居大爷吓晕过去。可我竟然并没有觉得哪里不对，依然欢

快地到后台去候场，心情简直像只
轻盈的燕子。

　　正在参加礼仪大赛的时候，得
知中央电视台的主持人马东，正在
进行《挑战主持人》的选手征集。
《挑战主持人》当年很火，在同学
中间素来以学霸著称的我，也一直
是《挑战主持人》的"死忠粉"。

　　于是，礼仪大赛后我便顶着
那个"蛇精"脸去参加《挑战主持
人》的面试。读得好不如读得巧，
大赛前几天我正挑灯夜读《中国上
下五千年》，结果正好被马东老师
问着了，我给他们讲了一个大禹治
水的故事。

　　可能是"蛇精"故事讲得还
行，我得到了去北京参加节目录制
的机会。

　　来到了北京，节目组对我们进
行了简单的赛前培训。第一次登上

中央电视台这么大的舞台，我还是有些紧张的。但是我又想，自己本来就是一个学生，能有幸参与这样的节目，让这么多人认识自己、看到自己，已经很棒了，至于比赛，赢了是自己幸运，输了则很正常。

心态好的加分真的不容小觑，在完全无压力的状态下，我赢得了那期的冠军。鲜花和荣誉瞬间把我包围了，我一下子成了学校里的小名人，我觉得自己就是上帝的宠儿。

对于一个19岁的女孩来说，能上央视而且得到那么多人的关注，本应开心才对，但是我却怎么也高兴不起来。因为回到学校以后，我发现世界变了：原来跟我要好的同学，眼神中充满了疏离。顷刻之间，我失去了朋友，我变成了一只孤独的羊羔。

学校依然是学校，同学依然是同学，只是对他们来说，不论我怎样做，他们都若有若无地和我保持着距离，我陷入了痛苦当中。有天晚上下了晚自习，我给马东打了个电话，埋怨地说要不是他让我去参加《挑战主持人》，我就不会失去我的好朋友们了，他们现在都不喜欢我了。

电话那端的马东认真地听着，然后他笑笑对我说："他们不喜欢你，是因为你只比他们高出一点点，等到有一天你比他们高出很多的时候，他们就会反过来喜欢你了……"

这句话，我想了好几天，终于想明白了。于是我开始拼命学习，努力参加各种活动。也正因为把马东这句话听进心里，我收获了更多的荣誉和奖项。而一切皆如马东所说，我的同学们不再疏离我，而是反过来

喜欢我、支持我。我想因为他们开始明白，我不是靠偶然的运气成功的，他们都看到了，我一直是那么的努力！

大学毕业那一年，我接到了全国很多电视台的面试消息，这跟我长久以来积累到的丰富舞台经验有关，为此，我真心地感谢那个让更多人认识我的《挑战主持人》，感谢马东和暗夜里他那句如明灯一般的话。

与其说不同的人创造了不同的经历，不如说不同的经历造就了不同的人。在艰辛成长的路上，每个人都会有一些永远值得铭记的事，在布满鲜花的舞台中，每个人都有一个无法忘怀、要在心中默默感激的人。直到现在我都会情不自禁地想起《挑战主持人》中有那样一个不怕苦、不服输的女孩，直到现在我都会想到马东给我的那些人生的鼓励。在那里，我学到了很多，收获了很多。

我和那个渴望快快长大的小伙子一样，走过了很多个春夏秋冬，走过万水、踏过千山。不同的是，我愿意长大，并享受岁月和挫折、成功和泪水给予的一切，感恩曾经在青春的路上经过的那些人、那些事、那些或闪亮或阴霾的日子。

# 选美冠军，奖金5万

有人说大学是进入社会的预备班，因为从那个时候开始，你便开始为自己的人生负责。

为了给未来打下好的基础，我在自己的专业上也花了不少工夫，一有闲暇就会到图书馆去泡，翻阅各种与专业相关的书籍。那时喜欢买书，但是我们这个专业的书籍是不便宜的，一本动辄上百，于是我就想到了打工。这个念头让我很是兴奋，我想，如果我打工有了收入，我就有了买书的钱，或许我还能不再要爸妈负担我的生活费呢。

但是想法很丰满，现实很骨感！我曾试着做家教，可在中国，需要学习普通话的孩子实在是太少了。我的同学们会接一些活动的主持，比如在超市门口进行某些品牌的宣传、抽奖等活动。

我去试过一次，发现自己主持不了那样的活动，因为一直要说一些非常水，非常废话的东西，为了圆场而显得很油。这种活动能赚到钱，但是我特别担心我会不会一直就这样下去，在工作当中也这样啰里啰唆、言之无物，说不到重点？在这样的担忧下我最终放弃了。

　　一个学期下来，我没找到一份正经的工作。但是天无绝人之路，我在第一

个学期结束时，考到了全班第一名，拿到了一等奖学金，一共几千块钱。当时我觉得自己好棒，我有了生活费，不用家里负担了。虽然不多，但那也是我努力"赚"到的钱。

　　再后来，我慢慢地适应了大学生活，并努力地参加一些社会实践活动以及各种各样的比赛。结果一发不可收拾，比赛似乎变成了家常便饭，和学习一样重要，因为它们就是我的"工作"，能带给我勇气，还有物质的收获。这些比赛基本都要花几天的时间，而在这

些赛事里，我的成绩有好有坏，好的时候我能进前几名，拿到上万元的奖金，成绩不好的时候就是单项奖，也有几千块钱，纪念奖也好，也有奖品。这些比赛不仅增加了我的舞台经验，同时也大大地缓解了我的经济压力，减轻了父母身上的重担。

在所有比赛里我记忆犹新的是一场选美比赛，要求表演茶艺、茶文化之类的内容，只是打着选美的招牌而已，比赛的内容非常有传统味道。奖金一等奖是5万，二等奖是2万，三等奖是1万，纪念奖与单项奖是5000。

报名后我开始了准备工作，到图书馆借阅了几本关于茶文化的书，包括介绍茶道的、茶艺的，还有茶历史的。

比赛正式开始了，同期参加的有很多模特，场面真的是步步有佳丽、争芳斗艳。模特就不用说了，她们外形比较突出，都非常漂亮，身材很好，都是一米七、一米八的身高。相比模特们的身高，我在里面可能是垫底的，我是整个比赛里面最矮的选手。

当时进总决赛有30多人，我们要参加各种训练，包括模特的、礼仪的、茶道的，等等。我当时没有心理负担，所以反应比较快，抢答都还算不错，我这几天读的关于茶方面的书籍起了大作用。到了学习茶道的时候，这个环节是我最喜欢的，所以我学得特别认真。

结果是我竟然得了这个选美比赛的冠军，领到了5万奖金，那是我人生的第一桶金。有了这5万元，我整个大学的生活费、学费，包括我后来去湖南实习的住宿啊、餐费啊，包括服装上的费用，全都够了。从大学第二年开始，我就再没有花过家里的钱，而且还过得比较好。我也非常感谢那一次的比赛。

所以，人生有的时候就是这样的，其实参加的时候我也没有想到我能得冠军，但是如果你不去试，你就不会有结果，可是如果你去试一下，说不定命运垂青的那个就是你。你的尝试，可能会为你开启一个新的视界！

直到现在，回想起大学里那精彩的一幕幕，仿若在读别人的故事，很难想象这些竟然都是我所经历的，唯有感恩，感恩年少时路过的你们，感恩那个载梦前行的少女——自己。

# ·考研，全国一年只招4个·

2008年我本科毕业获得了学士学位，穿上学士服感觉真的是彻底轻松了。因为一边工作一边上学太辛苦了，我再也不想读书了。可是没有过几天，我就决定考研了。

南辕北辙的两种想法让人哭笑不得，但都是形势所迫。毕业后我的工作就进入了瓶颈期，这是每个人从业的过程中都会遇到的问题，忽然间，你会感觉自己不适合这份工作，抑或是你觉得自己需要做出一些改变，使生活发生些变化，分散一下执念，来调整生活的重心。

2008年我的主持工作非常多，但都不是太顺利。比如：某些节目上我表现得不够好；或者是制作人感觉我做得不够优秀；或者是观众反馈的信息是我需要更加努力、我还有很大的上升空间，等等。可是我自己并不知道应该怎样努力才能取得进步，处在一个上也上不去，却感觉随时能下来的状态。怎样才能突破这个瓶颈？于是我决定考研或者是出国深造。

我当时的计划是：如果在国内考上研究生，我就在国内读；如果在国内考不上，就出国留学。留学一直以来都是我的一个梦想，我很想去看看外面的世

界。虽然大学那会儿也可以出去，但升本那个阶段我也没有什么钱，如果出去留学还要在外面打工。而2008年我已经工作了两年，攒够了学费，出国后我可以完全不用工作，踏踏实实地学习、旅行、增长见闻。

没有了学费这个拦路虎后，我开始挑选国外的学校。英国是最合适的，因为英国研究生只读一年，其他国家需要两年，我觉得自己不能出去太久。然后我委托了留学中介机构帮忙运作，一切都很顺利，没多久我就拿到了英国两所大学的OFFER。

因为手中有了国外大学的OFFER后，我在准备国内的考研复习上就没有那么拼命了，没有过多努力地去复习，甚至连书都没买。我不是故意不买书，当时我所考的那所学校和那个专业的书真的是很难买到。到了考前我就抱着进去试一试的态度，心态很放松地去考了。

前面考的是文化课，包括八大艺术门类的基础知识、文学、历史、建筑、美术、电视、电影等知识，刚好都撞在我的涉猎范围当中。并且大学的时候我比较喜欢阅读，知识面还是很够的。于是凭着我多年的积累，我的考分竟然刚

刚压线。什么叫压线？就是全国要求多少分算考上，能够参加复试，我就考了
多少分。

　　天意，像是冥冥之中自有安排，我竟然连蒙带唬地拿到了复试的通知单。
这个时候我开始重视起来了！面对珍贵的复试通知单，想到多少同学复习了很
久，都难以通过文化课的线，我竟然真的过去了；另外，其他学校我报的这个
专业，一年招几十个人，而上海戏剧学院一年只招4个人，一个导师一年就带
两个人。前途是光明的，就是"道路"太窄了！

　　复试是院系的考试，包括英语、政治，以及一些专业课。接下来我就开始

疯狂地复习，感觉又回到了当时考本科的状态了。朝六晚九，给了自己两个月的高压以后，我去参加复试。复试很快就通过了，然后接着面试。

上海戏剧学院的面试是非常开放的，全国各地所有进入面试环节的同学都在一起考试，就像是现在的《星光大道》现场。别人进行演讲、展示和其他环节的时候，其他考生都能看到。

过五关斩六将，剩下我们这几十个人进入面试环节，可以说这会儿大家都把自己最拿手的"本领"亮了出来。轮到我的时候，因为准备得非常充足，毕竟又是在职的主持人，考官对我的这种自信、气场都给予了褒扬。所以考完我

心中已经有数了：我考上了。

果不其然，隔了两个月公布成绩的时候，我收到了上海戏剧学院研究生的录取通知书。当年这个专业获得录取资格的一个是"金话筒奖"的主持人，一个是某高校的老师，一个是中央人民广播电台的主持人，还有一个就是我。

非常荣幸地走进上海戏剧学院，开始了我的研究生生活。

但是，这个研究生生活并没有我想的那么五彩斑斓，甚至可以说是更加辛苦，因为上海戏剧学院要求非常严格，规定本学期的某课程出现3节课缺勤，就取消这个课程的考试资格，并且本年度不能补考！考上了，以为"从此过上

了幸福的生活"，结果还是欢乐少而忧愁多。读本科好歹还在杭州，读研与工作可是"两地分居"啊。工作和读书又成了一种既相辅相成，又相互矛盾的状态。

我印象很深的是有一天晚上，我和何炅老师在拍一个情景剧，一直拍到夜里12点多，而我第二天早上9点钟有课。这意味着我要在清晨5点爬起来，赶到高铁火车站买6点多的车票，7点多到达上海，8点多赶到学校，这样才能赶到第一节课不迟到。可我早晨6点多赶到高铁站已经买不到坐票了，买到站票我也得走啊！但我真的是太累了，上车后就拿了一张报纸，坐在餐车的角落里，靠着列车的一侧，把帽子压得低低的，睡着了。

这么戏剧化的情节，却不是在拍戏。我前几个小时还是以一个主持人的身份，和心目中非常著名的伙伴进行合作，后几个小时我就非常狼狈地在地上铺张报纸，坐着高铁去上课，那种感觉的确反差很大，但是内心却很丰满、很富足。

当时的我根本不会在意自己是干什么的，我到底是谁，我应该怎样！没有，前一分钟的舞台、后一分钟的高铁之旅都是我该拥有的。在火车站熙攘的人群里，和繁杂接踵而行，前路反而更加的清晰明朗。而我，在这种角色的冲突中找到平衡点，做好每一件分内之事，等待破茧，等待重生。

第三篇

必须和过去说再见

# 第一次主持，
## ·我只说出了一句话·

　　人生总有各种各样的第一次，面对第一次的时候，有新鲜、青涩、兴奋，更多的是无所适从。我曾无数次地想象第一次手握话筒主持节目的样子，但当它真正到来的时候，和任何一次的想象都不一样。

　　当时湖南地面频道招主持人，台里的领导跑完了全国几十所高校后，选出来30多个人，我也是其中之一。然后我们这些初试的过关者就到长沙去参加面试，是在《娱乐无极限》的那个棚进行的。最后他们频道只招了我一个女生。

　　接下来，在整个学习和培训的阶段我得到了非常宝贵的经验。然后，我就接到了第一个工作，是去北京人民大会堂主持《情癫大圣》的首映礼，主演是众多人的男神——谢霆锋，那也是我第一次有机会见到明星。

　　刚到北京就接到通知说节目晚上正式录制，这时才发现这个首映礼不只有我一个人主持，还有两位，其中一位是北京台的女主持人，资历非常老了，特别能说。另一位是男主持人，也是资深前辈。

　　我们安顿下来就到节目现场去了，看到他们两位主持人都拿着手卡在看，而我没有。心里就等着工作人员赶快把我的手卡拿来，安排好流程，我好踏踏实实上台去。毕竟这么重大的一个首发式，我还是第一次主持，根本就没有底，超级紧张。

但是一直到了登台开幕，都没有得到这方面的信息，期间我们也找了相关的工作人员询问，但是大家都不知情。我是一个被遗忘的或者根本不需要的主持人。我在什么流程都不知道的情况下上去主持是不可能做好的，但是人既然来了，不上去也是不行的。

节目开始录制，我们三个主持人一起登台，大家各自自我介绍，我就说了一句："大家好！我是主持人左岩。"

接下来该说什么我根本不知道，也预料不到要发生什么，但是我尽量让自己融入这种气氛中，想着我应该说什么才能合上节拍。但是节目介绍电影内容、邀请演员讲话等等环节明显都是事先安排好的，

除了无关紧要的话，我不能涉及到任何一个关键的环节，以免给其他工作人员带来困扰。

时间一点点地流逝，转眼节目流程过半，我一句话都没有说上，面对台上发生的一切我渺小而无助，我就像一个拿着话筒的观众，傻傻地站在台上看着眼前的一切。好希望时间就停止在那一刻，然后有个地缝我可以钻进去，假装从来不曾来过这里。

终于熬到了节目结束，整个人下来的时候腿都是抖的。由于是第一次主持，根本没有经验，流程也不清楚，一句整话都说不出来。

节目最终还是要播出的，我的第一次主持只说了一句话是："大家好，我是主持人左岩。"

无论什么时候回想这件事，都感觉有些遗憾，有些不好意思，有些羞愧难当。毕竟是第一次主持，也许这些都是我人生当中要经历的。其实不是每个人生来就会说话的，不是每个人生来就会主持的，不是每一个人生来就能做好自己的那份工作的，都是会经历一些无助、一些失败和一些挫折的。那些充满痛苦和迷茫的时刻，也是真正的生活。面对这些，我唯有坦然面对，因为自己选的路，跪着也得走完不是？

## · 当偶像站在面前 ·

　　初中的时候《还珠格格》特别火，那段时间吃完饭我都眼巴巴地等在电视机前，为了能看这部剧，我早早就把作业写完了。

　　记得当时很多人喜欢小燕子，但我却喜欢紫薇，因为我觉得小燕子那样的姑娘，放谁家都是一天被打八遍的主。但紫薇温柔娴静、蕙质兰心，有大家闺秀风范，琴棋书画俱佳，简直就是人生典范。虽然我那个时候还太小，但并不妨碍我体会那种美好的情愫，紫薇的一举一动简直牵动着我，看着就很喜欢。

　　可我从不追星，我不太能理解那些追星的小伙伴，把偶像的照片放在自己的铅笔盒或者书包里，美滋滋地谈论偶像的身高、体重，甚至为谁的偶像发型更帅气而争得面红耳赤。他们在我眼里根本就是"外星人"，不能理解。我爱看电视，也喜欢捕捉电视影片中那些时尚的、美好的、潮流的信号，我感受着明星为我带来的美好，这是我后来形成审美能力不可缺少的原料。当然我还有一个更大的困惑就是："我长得这么好看，还这么能哭，琼瑶阿姨咋不找我去演呢？"

工作后有一天我接到了一个邀请，参演高希希导演的话剧《甜蜜蜜》。这个剧同时邀请了林心如。林心如演我妈叶青，我演女儿晓月。从这个话剧开始我和"紫薇"有了长时间的接触。有时我在剧中感到好像自己走到了儿时所喜欢的电视人物旁边，这种状态很玄妙。

随着演出的进程，我们的接触也越来越频繁，心如姐姐和她妈妈来杭州玩，我们一起吃饭、聊天，这时又觉得是儿时的自己穿越了时光，进入了另一个本来我认为不会存在的空间里，进入了电视人物的"剧本"里一样，有种缥缈的感觉。但是在生活的剧本当中，我们很自然地交往着，似乎这是一件理所应当的事。

有时候"喜欢"这件事，真的很私人。就像我一直很喜欢刘德华，并不是因为他红，甚至不是因为喜欢他演过的戏，或者他的帅，我之所以喜欢他，更多的是因为他的努力和认真。纵然他并不是男演

员里作品最多的，也不是拥有荣誉最高的，但是我喜欢，也很尊敬！

直到有一回与刘德华大哥见面，更加证实了我的判断。那天我主持一个新闻发布会，而刘德华大哥应邀来给我们唱歌，开场前我在台侧等上场，恰好他也到台侧。令人想不到的是，他竟然主动上前来跟我握手说："左岩你好！"

这时我才知道他为什么那么红！我当时是刚刚出道，与他从未有过交集，所以他不可能知道我是谁。我不得不感叹他拥有一个多么专业的团队，在他上场前告诉他这个主持人叫左岩。而他呢，习惯礼貌地对待身边的一切人事。

再后来，我和钟汉良一起主持，和安七炫一起拍电影，和蒋大为老师一起录影，和郭富城在微博上互动聊天，吃过赵忠祥老师的炸酱面，也采访过国学大师范曾……

当儿时的偶像，站在眼前，亦师亦友时，那种感觉很玄妙。

原来，人生没有什么不可能。缘分这件事，就在那里，你和他们终将相遇。

## 访大咖，扛大节目，做个大人

我小时候是个电视迷，当时的电视影片比较少，街头巷尾架着电视天线的地方不是在放映《地道战》就是《篱笆·女人和狗》。那时候还没有追星族，没有女神控，老百姓茶余饭后聊天的内容也没有今天尺度大，最多不过是夸夸某个女主角长相如何的标致，自家娶媳妇的时候可以参照这个标准；夸夸男主角的演技精湛、动作语言到位，仅此而已。至于配角是极少能吸引到人们眼球的，所以我基本都不记得了。不管演什么，主角才是王道。

我的主持人生涯也经历过一个从配角上升到主角的过程。很多年以来，在中国的电视节目上，女主持人基本上都是"副咖"，等同于配角，跟在成熟的男主持人身边，负责貌美如花，根据节目需要捧个人、接个话、介绍游戏规则，等等。"副咖"这个词一看就不是本土产物，是从台湾的节目上沿袭过来的，因为台湾这一块发展得比大陆要早，相对来说更加成熟。就像现在红透半边天的《康熙来了》这个节目中主咖是蔡康永，而小S因为语言够到位、反应够机敏、作风够大胆，才能够杀出一片天空来。很遗憾的是最近康永、熙娣同时请辞，"康熙"也随之"驾崩"了，朋友圈一片悼念之声，不禁感怀缘聚缘散。

　　我最开始做节目也是做一些非常成熟、成功的男主持人的搭档，这种合作对我来说也是一种学习，而且当时我是极享受这个做副咖的过程。因为自己什么都不用记，只要每次上节目装扮得漂漂亮亮的就行啦！作为副咖本身没有压力，节目的收视率也不是由我来扛，所以很长一段时间我是乐此不疲的。在节目上因为我反应很快，那些男主持人说完一句话我就知道他后面要说什么，所以我总是补得又到位，又好笑，很多男主持人都喜欢和我搭档，而我也非常地引以为傲。

　　有一天我录了一个新的节目的样片，我就跟华少说："你看，刚才和我搭档的男主持人，他说我表现特别好，很喜欢跟我合作。"

　　华少却说："如果你就继续这样的话，可能以后会有更多人愿意跟你合作，但是可能你一辈子都是一个副咖。"

　　这句话对我有五雷轰顶的作用，听完

一晚上没睡着。

"副咖"，还"一辈子"，想想也是够了。那就意味着，虽然我的手里有话筒，但我永远不能有机会表达自己的观点！我决定做出改变。我开始转移自己的注意力，有计划地学习一些管理知识，试着控制节奏，我开始用男主持人的要求来要求自己。那段日子每天的时间过得飞快，感觉就好像才刚刚做完一件事天就已经黑了。我甚至把每一期的《快乐大本营》和《我猜我猜我猜猜猜》这两档节目中，吴宗宪和何炅在节目上说的每一句话都用笔写在本子上，然后按照节目的流程进行模拟，思考如果是我来主持这档节目，我会在这个点上做出怎样的动作。

没多久我的生活在悄然中发生了变化，我开始带团队，在团队的五个主持人中我来做主咖；后来，我所带团队的主持人越来越多，我逐渐能掌控全场，给每个人分配工作。而到了最后，变成了我一个人来做节目，我做了《卧底超模》《唱出爱火花》《中华好民歌》，还有一些访谈类的节目。我经常做完节目后会反复地看几遍，思考我这个刚刚"变身"的主咖能不能有更好的表现。

其实一个女主持人站在舞台上主持一个大节目是不多见的，一般都是一个男主持人或者一个男主持人带一个女主持人。单独一个女主持人需要有一个男主持人的思维，要有极强的控场能力和节奏感。我经过一段很长时间的学习，通过用"找自己"的方法，摸索出一个现在比较适合我的"亦庄亦谐，忽男忽女，天真无耻，胆大心细，来者不惧"的状态。

后来我主持了很多大型综艺节目，采访过很多大咖，有名人也有明星，在访谈节目当中，我希望和他们在60分钟之内是好朋友的一个状态，不管他们认不认识我，也不管他们当时有多红，只要他们来到了我的场子，这个主场是我的，他们需要回答我的问题，以我的语言节奏跟我进行对话。

慢慢地，我发现一个主持人做自己是最重要的，你的语言才是有灵魂的，可是这需要一个过程，这个过程很长，短则五年，也可能十年，而也有人需要一辈子，才能找到自己，做个"大人"。

# · 寒冷，留在肩上永远的痛 ·

　　裙子对女性来说简直就是性别的象征，它的美化作用不言而喻，在爱美的女孩心目中它的地位到达了贵宾的级别。所以在今天的电视节目里，女主持人一年四季都穿着裙子，露着肩膀和腿，穿着高跟鞋，她们创造的美感是为了满足观众视觉的需要，毕竟这是一个看脸的时代啊！我相信对爱美的女孩来说，对裙子挚爱的表达方式就是在私人衣橱里，多安置几款自己喜爱的裙子，但对女主持人来说，就没有这么简单了。

　　录影棚里是我们工作的地方，在冬天，你会看到一个可笑的画面：台上的女主持人和女艺人都是穿着夏季的衣服，露着肩膀和腿，但是台下的导演和摄影师都是穿羽绒服的。

　　为什么会出现这么明显的反差呢？因为录影棚里很冷，而且越大的录影棚越冷。如果在一个1200平方米的演播厅里，里面的温度和外面基本上是一样的，外面-5℃，里面的地面如果有水也会结冰。空调根本照顾不到每个角落，而且因为工作关系大家要进进出出，拿设备呀、让观众入场之类的，所以门基本都是开着的。没有哪个角落是温暖的，在这样的环境里工作几天几夜，不病倒已经可以烧香了。

　　男主持人和男艺人如果穿西装，可以在里面穿上厚厚的保暖内衣，可是女生就不行啊，她就是要漂亮，所以要穿礼服，穿那些抹胸的裙子。而且，每个节目的衣服一般是服装师提前为我们选好的，所以穿什么也不是由我们自己来决定的。服装师的工作就是让你漂亮，他不会管你冷不冷。而制片人也是要求你呈现的状况是漂亮的，你出现的画面要赏心悦目。

　　所以我过去的十年当中冬天都是非常痛苦的，我的冬天，都要穿着很漂亮的小礼服，把肩膀和手臂露在外面，在极其寒冷的空间里，在别人要穿羽绒服的地方穿着夏天的裙子工作。这不是我一个人的状态，是所有的女主持人都会遇到的问题，在整个职业生涯里，这是我工作的一部分。但是有一些场景和画面因为印象太深刻，直到今天我依然没有忘记。

　　在一个寒冷的冬季，我们来到湖滨名品街做跨年演唱会。当时杭州在

下雪，我们在室外搭了一个舞台，外面气温已经是零下四五度了，我和朱丹姐就穿着露肩的小礼服，拿着话筒主持节目，而且是现场直播。虽然特别的冷，但是我们不能抖，也不能打奔儿。想象一下：一个正常人，穿着短袖，大冬天的下着雪还在室外，还是在主持节目，不但要求她的大脑不能短路、思路清晰、说话要利索，还得主持得有声有色，这需要多么强的忍耐力和自制力啊！

那年的跨年晚会结束已经夜里12点多了，所有的观众都已经散场，马路上根本没有什么人，当然也没有出租车。我是走回家的，回家后就开了电热毯，躺下就睡着了。直到第二天中午我醒来的时候，摸我的腰和背，还是凉的。那一瞬间真的是很崩溃，想到那种冷，那种让人后怕的冷，是冷到你不想活的感觉。

那个时候我还小，刚出道身体状况还好，所以没有那么明显的表现。台里的同事常好心劝我要注意保暖啊，要不病会找上来。我那会儿根本不觉得，因为我以为这个职业就是这样啊，根本没办法，所有的主持人都这样，大家就只能穿成这样，而且你有机会录制跨年晚会就很好了，还有什么资格选择穿什么？

有一年我们来录北京MTV的音乐盛典，节目由我来主持，服装师也给我准备了一件露肩吊带的礼服。北京当时是零下十几度，我穿着吊带的小礼服在外景的舞台上站了三个小时，我也不知道自己为什么能坚持下来。其实现在想想，是工作人员不对，可是当时没有办法，服装就在这里，服装师已经给你准备好的，你不穿就没得穿。

三个小时以后节目结束了，现场的大哥和摄像大哥都给我鼓掌，因为他们调摄像机的手都不能动了，我就穿着个小礼服在寒风中吹了三个小时。我还记得当天蔡康永、李宇春、霍思燕等艺人上来看到我，问的都是同样的一句话："天啊，你不冷吗？"

冷啊，彻骨的寒冷，可是当我没有立场表达自己的时候，就只能这样。当然后来我知道，其实作为主持人我是有权利决定自己的服装的，后来我所有的节目所需的服饰都是自己准备的。可是要到自己明白这件事情，并且能跟制作团队说我穿这个就OK的时候，我为了获得这个冬天不那么冷的权利，大概花了十年的时间。

十年之后，在那些个落雨或寒凉的日子，我疼痛的肩膀和腰时常提醒我忆起那些冷得刺骨的日子。

今时今日，更多的制作团队已经理解了女主持人的不容易，我也有了更多的话语权和决定权，但这都无法抹去记忆里那份冰冷，没有人愿意永远停留在这样的寒冷里面，所以要努力去改变自己的状态，让自己有实力真正地远离它。

# 阿根廷的36天，
## ·差一点，我就看不到南美的朝阳·

由于工作的关系我常常有机会到国外去工作，我去过很多国家，但是不管在哪个国家，基本都保持着8天一站这样的一个工作行程。因为费用很大，我们得赶着时间拍，拍完了就赶快回国来工作，所以并没有多少时间流连异国风光。

去阿根廷也是我非常向往的一个工作机会，因为阿根廷距离中国差不多正好横跨了12个时区，这么远的距离，如果不是因为工作关系，我想一辈子都不会去。中国到阿根廷需要飞行36个小时，飞机落地的时候人会有一种轻微的不适感。

在去阿根廷之前我拍了两个广告，几乎是三天三夜没有合过眼。上飞机后我就一直在睡，36个小时中，除了吃饭我没有动过。飞机在阿根廷机场着陆的那一刻我才醒来了，我旁边的外籍男士用英文问我："你不用上厕所吗？小姐。"这时候我才发现我真睡得太久了。但是这种睡眠对我来说是至关重要的，不但能帮我恢复体力，恢复精力，还不用为过于漫长的行程而煎熬。但是我的同事们可没有那么幸运了，他们都睡不着，整个行程只能在百无聊赖中度过。

抵达阿根廷以后我们在当地开始进行拍摄工作，一共是36天。阿根廷真的很美，可惜我们没有太多时间休息，好不容易有时间呢，又要拍写真。所以空闲的时候大概只去广场看了鸽子，再就是去了一趟大瀑布，其他时间都是在工作。每天拍摄完都会到桥边去吃个牛排，喝个红酒。一个多月的时间我们吃了很多很多的牛肉，泡面成了最享受的餐点。

在阿根廷整个行程都是很愉悦的，离开了国内高压的环境，这种生活很舒服，尽管也很忙碌、很劳累。因为只有我们这一个小团队在作业，成员们都亲如一家，我们在国外没有其他的亲人和朋友，那种感情真的是战友般的情谊。为了录好这一期节目，所有人都非常努力，每天开会——录影——再开会——再录影。

生活在这种波澜不惊的环境当中，人的心态会变得非常平静，因为在这种与世无争的日子里，尽管大家都很努力地在做一件事情，可是我们没有来自外界的压力。我们差不多每天上午6点起床，7点大部队就出发了，要工作到夜里12点。基本上都是工作两天，休息一天。早餐都是循环重复的，就是那些东西，最后直到吃到吐为止。

有一天夜里12点的时候，大家收工后坐在一辆面包车上回酒店，车在高速上疾驰，我们都在车里盘算着再过多少天我们就能回国了，回国后我们要吃火锅，要到什么地方泡温泉，我们要在当地买些纪念品回去送给亲朋好友，等等。虽然是深夜12点，但大家都处于非常亢奋的状态。就在这个时候，一块石头打碎了车右边的玻璃窗，从众人眼前飞驰而过，重重地砸在了我旁边的玻璃窗上，距离我的头仅仅2厘米的距离。我的血液瞬间凝聚不动了，旋即又试图想搞明白是怎么回事。回头一看，车里的人都已经惊呆了。

　　车窗外面有三辆摩托车紧靠着我们的面包车行驶，摩托车上的人用阿根廷语大声喊着什么。虽然听到车内惊慌失措的声音，我们的司机却并没有停车，反而是猛踩了几下油门，那三辆摩托车被甩在了后面。司机师傅是当地人，四五十岁的样子，非常有经验，以最快的速度把我们拉到了酒店。

路上车内静悄悄的，大家都屏息不说话，其实心里都揣着各种担心。车子终于停了下来，我们到酒店了，制作人安排大家上楼去休息，我那一颗惊恐的心才终于落了地。

　　后来听制作人说，那三辆摩托车上的人往车内扔石头就是希望有人受伤，这样车子只能停下来处理伤员，他们就可以上来打劫。

　　现在想起来还有点后怕，因为那块大石头的力量打碎了玻璃窗，如果打到我的头上，肯定是会穿过去的。仅仅2厘米的距离，使我侥幸逃过了一场劫难。

　　也许所有的工作都是这样的，当我们享受着南美的阳光，享受着美味的牛排，享受着阿根廷女郎的热情，享受异域的风情，享受着那种恬静和安然的时候，也可能正身处在很危险的环境当中。工作带给我们惊喜的同时，也会给我们带来一些惊吓。

# 举起奖杯的那一刻

从小到大我获得过很多奖杯，那些大大小小、形态各异的奖杯，有参加《挑战主持人》获得的；有参加选美类节目获得的；有参加演讲比赛获得的；还有刚参加工作那会儿，国家广电总局颁发的"最具潜力主持人奖"得的，等等。这些奖杯和荣誉对我来说，只意味着某个阶段取得的小小成绩而已，我并不怎么为此而骄傲。

但是其中有一个奖杯对我来说意义重大，我一直把它小心地放置在比较高的位置，每次回家我都能看到它。记得刚开始主持节目的时候，我仅仅是对时尚类的节目比较有感觉而已，但是观众们常常会给主持人贴标签，比如看到某个眼熟的主持人，会说："这不是做外景节目的那个主持人吗？"在观众的心里，早已经把你定位在了某一类节目上：这个主持人擅长的是访谈节目，那个主持人经常做的是综艺类节目。而我由于接触的时尚节目越来越多，我的内心就自动地调整自己的状态去适应它们，逐渐地不管是外在的包装还是内心，我都希望它们呈现的是一种时尚的状态。

后来我主持过舞蹈类的时尚节目《越跳越美丽》，世界精英大赛全球性的模特比赛活动"卧底超模"，时尚集团主办的活动"时尚美妆"，还有"国际旅游小姐"亚洲区的总决赛，等等，在我与这些时尚赛事、时尚节目接触中，我感觉我的状态也在慢慢地调整，逐渐合上了节目的理念。

就在这个吸收与调整的阶段，忽然有一天，我收到了"盛装亚洲"的邀请函，邀请我和马来西亚、印度尼西亚、泰国、日本、韩国等亚洲国家的时尚界人士一起出席盛典。这个盛典所邀请的国家都会有人被提名，提名包括"亚洲年度时尚主持人""亚洲年度时装设计师""亚洲年度导演"等等。

那一年中国除了我被提名为"亚洲年度时尚主持人"以外，还有一位服装设计师，他是国内服装设计师界的翘楚祁刚老师，被提名为"亚洲年度时装设计师"。对于我来说能够被提名已经非常开心了，因为这个盛典毕竟是亚洲很高规格的，中国内地只有我一个人被提名已经令我受宠若惊，根本不敢奢想能

拿到奖项。

在宣布获奖之前，我和祁刚老师相携走过红毯，在下面与其他国家的宾客寒暄着。但是大家的心里其实都非常忐忑。

按照组委会的要求，每个人都要准备获奖感言，万一获奖了不会措手不及，于是我们就按照组委会的要求进行了准备。

在盛典中，先是两位宣奖嘉宾向晚会致辞，然后才开始公布获奖名单。公布的奖项有"亚洲年度时尚造型师大奖""亚洲年度摄影师大奖""亚洲年度时尚模特大奖"，等等。当我在下面听到"获得亚洲年度时尚主持人大奖的是左岩，来自中国"，我的心中好像有万朵浪花同时盛开，那一瞬间我才意识到原来我是那么渴望得到认可。

我在一片艳羡当中走向舞台，举起奖杯，用我准备好的英文发表了获奖感言。我当时非常不能免俗，感谢了一些人，感谢我的团队。

拿到奖杯对我来说是多么的重要，从那一刻开始，时尚这两个字的标签就正式地贴在了我的主持生涯当中。因为有它，我未来的道路也变得顺畅了很多。也正是那样的一个奖项，我认识了很多时尚圈的朋友，包括后来我需要出席很大型的活动时，祁刚老师和他的团队会精心地帮我准备服饰。所以，在我的内心中，除了喜悦，就是非常地感恩。

举起奖杯的那一刻、那一个瞬间，感觉好像这一路走来，我所付出的努力、汗水和泪水，都获得了肯定。它像一个巨大的力量，支撑我继续在这条路上走下去。

在青春的时候，我们都会彷徨和迷茫，不知道自己的努力和付出会不会得到回报。举起奖杯的那一刻，我觉得一切都是值得的，一切都是应该的，一切都会水到渠成。

# ·女人岩色，不美怎么能活？·

"北方有佳人，绝世而独立，一顾倾人城，再顾倾人国。"这是两汉时期的李延年笔下的美人，他该是个爱女人且懂女人的男子。倾城倾国是怎样的一种风姿？五官明媚，肤如凝脂，气质娴雅，风姿绰约，集各种美好的感觉于一身，让见到她的人都怦然心动，佳人便是美的化身。

历朝历代对美的诠释不同，但对美的追求却无论男女且亘古不变。美对于所有女人来说，不仅仅是一个概念，更应该是一种信仰。我想女人活在这个世界上很重要的职责，除了繁衍后代以外，便是成为一道美丽的风景，发现美、缔造美、传承美。世界上不应该有不美的女人，即使父母没有给你漂亮的容貌，但是你可以拥有良好的性格；即使打扮起来不是那么靓丽，但是你可以让自己变得招人喜爱；抑或并不是所有人都会获得姣好的身材，但这并不影响你培养优雅的气质。所以"美"绝不单单指外貌，而是你呈现出的所有。

若你不美，便再无道理。

阅读，是丰盈内心最好的方式，没有之一。在"黄金屋"中徜徉，自会寻得"颜如玉"。我一直觉得女人读了多少的书，是会被写在脸上的，它直接作用在你的谈吐中，而你将获得的并不是他人对你美貌的艳羡，而是尊敬！

　　行走，看过万里江山，掠过世间美景，便自然读懂人世之浮沉不过是过眼的烟云，自然心中豁达，格局宽广，无烦无恼，快乐逍遥。

　　而健康是一切的前提，像西施、林黛玉那样的病态美，并非你我所能驾驭。而我由于工作的关系，透支体能、挥霍健康的事情不可避免地一直在发生。不得已我也自己动手研制起药膳，来改善不良状况。

　　我的"岩氏健康哲学"核心是"健康喝出来"。

　　所以无论在做什么、在哪里，我都要一直喝。当然啦，水没有什么味道，总是喝水是一件很乏味的事情，还得不停地上厕所。但是我把这件事情做成了一件快乐而有趣的事，一切就改变了。

　　薏米红豆汤，是我常年的饮品。我都是选择较好的薏米和红豆，在家里自己煮，早上煮上一大壶，半壶放在餐桌上随时当水喝，另外半壶装进我随身携带的保温杯里。常年喝不仅能消肿，还能美白，使皮肤红润光泽，整个人的气色都会变好。特别适合湿气重的女生，湿气是万病之源，湿气太重还会变胖。为避免这些的发生，常年喝是有百益的。

　　红糖姜茶，特殊日子的必备品。薏米红豆汤虽祛湿，却也不宜在特殊时期饮用，所以那几天我都会喝些姜茶，暖心、暖胃、暖身。

　　再就是常年伴随我的普洱茶，功效也非常好，能减肥，去脂肪，还能清肠道。

　　我还有一种更精细的喝法，就是用苦瓜搭配一种自己喜爱的水果，榨成汁，有满满的果香，喝下去能清火、排毒，整个人的身心都得到了调理。我每周喝两次，皮肤不长痘痘，细腻而有光泽。水果的选择因人而异，我一般是选择香蕉，因为香蕉有香味和甜味，和苦瓜榨汁后很好喝。水果还可以选别的，比如：西瓜、草莓、苹果，等等。

　　除了喝水，我对泡澡和泡脚的热爱也达到了极致，水仿佛可以抚慰所有的细胞，使整个人处在极度放松的状态下，每每泡到微汗的时候，我总是会敷一片面膜，因为那个时候所有的毛孔都自然地张开，可以更好地吸收面膜给予肌肤的养料和精华。

　　"岩氏水疗"除了由内而外地调理身心，清除体内的垃圾以外，还时常会喝个"水饱"，饱了自然吃得就会少些，对控制体重也是一个很好的方法。

　　除了内调以外，外在的包装同样是非常重要的，原则就是"不求最贵，但求合适"。时常会见到有些女士，浑身上下皆是名牌，但不知道为什么，看起来哪儿哪儿都不对。在穿品上找到自己是一件很长久的事情，需要慢慢地摸索和积累。

　　我在国外工作或者旅行的时候时常感慨的就是大街上那些行走的女人，为何可以如此着装得体，妆容精致。记得一次在欧洲的便利店里，遇到一位满头白发70多岁的女士来买日用品，她穿了一件米色的风衣，小黑皮鞋，牢牢吸引我目光的是她那精致的红唇，红到国内女艺人走红毯才会涂的程度，周围没有任何一个人表现出对老人的装扮或妆容有异议的态度，而老人也习以

　　为常地选着自己心仪的商品。反观国内大妈，都不用说我70多岁的姥姥，就是我50多岁的老妈，涂个红嘴唇去买菜，估计也会被叫作"妖精"！

　　我问同行的友人，咱中国要到什么时候，这样的画面才能成为日常的常态？她答："等你老了。"

　　我去亚洲某国录制节目的时候，在马路上拍摄，整条街从街头到街尾，我没有看到一个完全没有化妆的女人。

　　记得国内某个颁奖礼的后台，有一个偌大的化妆间，所有当晚出席活动的女艺人都在这里做造型，陆陆续续会有明星及其造型团队抵达现场开始工作，但化妆间最开始的一个小时极其安静，两个小时以后开始沸腾，因为化妆前大家都不太认得出来，化完妆就都认识了，大家开始攀谈。所以，你和明星之间其实仅隔了一个化妆包的距离。

　　每一天，都要让自己能多漂亮就多漂亮地出门，因为你不知道，那一天你会遇见谁。有的时候化妆不仅仅是让自己变美，有一个好的心情，其实更多的是一种给予他人的尊重。

　　我在组建公司的时候，曾把所有的员工召集到一起进行培训，培训课第一节就是化妆。我请专业的明星化妆师来给员工们上课，从如何化一个淡妆，到出席重大场合需要的妆面，再到如何在早晨起床后三分钟之内变成时尚白领的妆容。我希望她们在我的团队中可以变得更加美好。

　　网传的某某夫人一辈子也没有让老公看到过自己素颜的样子，据说她总是等老公睡下了才卸妆，老公醒来时已装扮完毕，连老公都没有见过她的素颜，

更何况他人。此女士神一样地维护着自己的美，我等凡人自是做不到的。休息的日子，我时常也会懒得化妆，便素面朝天地出门，但包里总会备上两种不同颜色的口红。因为常年的"水疗"，皮肤状况自然是优，若遇到突然有应酬或见朋友，口红随便一涂，整个人就立即精神起来。因此，美也需要时刻准备着。

所以女人，若自己不漂亮，就不要怪这个世界会把你遗忘。有句古语叫作"女为悦己者容"，在这个新时代里，这句话应该改为"女为悦己容"，因为己容了，己就悦了，己悦了，周围的人就悦了。

也许追求美最根本的目的只是：为了遇见更好的自己。

# ·没错，我就是想红·

"没错，我就是想红！"

可以想象，任谁听到这句话，都会血脉贲张，对说话人报以疑惑的眼光、反感的表情、抑或不屑的一瞥。

它就像是毒药，因为它代表的意思让人们嗅到功利、浮夸、纸醉金迷。但这句话本身是无害的，其实只是表达了一种向上的信念。

就像一个建筑师拒绝平庸，他渴望亲手缔造出举世瞩目的殿堂；

一位作家拒绝平庸，他梦想写出传世之大作；

一位医生拒绝平庸，他除了想把病人治好还希望能攻克各种疑难杂症；

一位销售人员拒绝平庸，他会通过更好的服务提升这个月的业绩，拿到不错的收入；

正是因为我们拒绝平庸的信念，才有了今天舒适的住宅、动人心弦的小说、更精湛的医术、更贴心的服务、更美味的佳肴……这就是"红"最本源的出发点，只是想把工作做得更好，做出成绩而已。

其实它只是一个事业心！

　　而对于主持人、对于艺人来说，在这个行业当中，红与不红，是衡量他们的事业做到什么样的程度的标准。只是主持人也好，明星也好，他们的工作状态被更多的人关注着，他一旦表现出特别想要红，大家就会觉得此人虚荣且不择手段。而真实的情况是，明星想红和厨师想把菜炒好，让客人说出"好吃"，并无本质差别。

　　说到艺人的这个圈子，跟其他的职业一样，是很现实的。"屁股决定脑袋"，你在什么样的位置，决定了你有多大的自主权利。所以，为了能够让自己的话语有一定的分量，让自己的想法可以获得切实的执行，那么你必须努力地奔向金字塔顶端的位置，任何行业，无外乎如此。

　　我有一个好朋友小A，刚出道的时候极其单纯可爱，大大咧咧，家境也好，从没有为钱操过一丁点的心，入行纯属个人爱好。有一天她约我吃饭说要跟我说件大事，席间很严肃地告诉我"我要红！"原因是，小A一直和一个比她红的主持人一起主持，她也从来没觉得哪里不舒服，服装师每次都把更好看的衣服给那个更红的主持人，她也觉得是应该的，所以一直以来都很相安。可

是昨天，两个人换好衣服，那个更红的主持人忽然说觉得小A的衣服比她的好看。后面的事情就很残忍了，服装师要求小A把衣服脱下来，给那个更红的主持人穿。小A说脱掉衣服的那一瞬间，她脱掉了所有的自尊。

　　说实话，我听到这件事情的时候和看故事的你们一样，只是感慨，却无法与当事人真正地感同身受。毕竟我大学毕业一路从容，不曾遇到如此趋炎附势之工作人员及无理之搭档。于是我认真地端起酒杯说："亲，祝你大红大紫！"

　　我还有一个很要好的朋友，是个演员，她当年初登银屏时，没有什么人气，她那时参演了一个电视剧，演女2号。播出前剧组去电视台一档综艺节目做宣传。主演因为档期的原因去不了，于是节目组就让她来做主要的宣传和互动环节。她很珍惜这个机会，每天练舞蹈到凌晨一二点。

　　临上场的前一天，他们抵达了当地的录制现场，那个主演突然间说他又要来参加这个节目了。栏目组当然高兴，赶紧把原来分配给她的所有互动环节全部拿掉，换成那个大牌来做。她所准备的内容，包括排练的舞蹈全部都不上了。她很难过，就说你们不能这样，其他的可以拿掉，但是舞蹈排了那么久了，怎么也应该表演一下的。节目组的回复是："没时间，如果不愿意录可以不录。"后来的结果是，她真的没有参加那期节目的录制，离开前她拖着行李箱坐在电视台的花坛前，哭了很久、很久……

　　几年后，她红了。那个节目组打电话过来，邀请她来参加节目，还说了很多好话，什么"我们真心地欢迎你"之类的，被她一一回绝。

　　后来她告诉我："我为什么要红，就是希望有一天我红了，不是别人跟我说'你不要来'，而是我有权利说'老娘不去'！"

　　在我身边，无数这样的故事每天都在上演着，这样的追逐，或许只是为了一个说"NO"的权利。请相信我，大多数的艺人想红，可能与金钱无关，或许更关乎梦想、关乎尊严！

# 从只有"YES"，到学会说"NO"

人的心态和姿态就像一面镜子，心态好的人做事的姿态也从容一些。这个圈子很奇怪，你会发现新人和大腕，都是谦虚谨慎的，那些所谓的"耍大牌""不配合"，往往出现在不上不下的艺人身上。这往往是自己对自己的认知与外界对他的认知不统一造成的，说简单点儿就是他以为他很红，但是制作单位或主办方没觉得到那个份上，二者就会产生矛盾。而新人通常都没有这个问题，因为双方在他"不红"这件事情上的观点是统一的，所以新人必须保持低调的姿态，要么"YES"，要么"滚"！

那姿态究竟是什么呢？比如上个节目你一副这也不行、那也不行的样子，工作人员就会说："你不行啊？不行？OK，那我们就用行的。"所以，你一定要让他们觉得你很敬业、很拼、什么都可以做，这样才会得到更多机会，去尝试更多领域。

我最开始就是这样要求自己的：节目需要我晒着，我就晒着；需要我冻着，我就冻着；需要我从高空坠落，即使我恐高，每一次下落都像死过一样，我还是努力克制自己，完成它。到地面以后，导演说拍得不好，再来一次，我

会坚持拍到满意为止；我还很怕水，有一次拍我一人在沉浮不定的竹筏上，逐渐漂到河水中央的镜头。我不会游泳，站在竹筏上左摇右晃、险象环生，这种情况下拍到的都是我被吓得大哭、害怕惊恐的画面；又或者让我拿一条蟒蛇挂在身上，我会毫不犹豫地和它亲密互动，让它自由地来回爬，即使接下来一周我都会因此一直做噩梦甚至吐醒，但是当下需要我去做，我也会去做；急性咽炎发作，医生要求噤声，否则可能嗓子彻底坏掉，我一样坚持录影；急性肺炎

高烧，我一样裹着棉被化妆，直到迷糊倒在现场直接被送医院，住院半个多月。但在我倒下之前，我绝不会放下手里的话筒。

我一直秉持着这个态度，并认为这是一个主持人最基本的职业操守。直到有一年我坚守了许久的"姿态"和"心态"彻底地发生了改变。

那年"甲流"非常厉害，刚刚开始流行就有一些人不治而亡了。我有一天忽然发起高烧，头痛欲裂，那种痛直到现在我都不敢回想——那是一种痛到整个人还不如死过去的感觉。

于是赶紧去医院，医生确诊我得的是"甲流"。但是医院的病人实在太多，没有床位，规定只有烧到42℃以上才能住院。所以医生让我回去自己隔离治疗。什么叫自己隔离？就是把自己隔离在家里，以免传染给其他人。

在医院开了一些药，回家，我有一种等死的心情。眼前跟拍电影似的，开始回忆我这二十几年，一篇一篇地翻过，最终还是定格在了眼前躺着的床正对着的一方屋顶。最孤独的是，在杭州我没有亲人、男友，我不能让无亲无故的朋友来照顾我，因为毕竟也是有传染的危险的。好吧，既然还能动赶紧先给栏目组打电话请个假。因为第二天我们要出差去拍外景，电话另一端给我的回复是："没关系啊，我们不怕传染的！"

我说："你们是不怕传染的，但我是怕死的。"

其实我很理解他们当时的想法：我是否参与录制直接影响到节目的收视率。竞争是非常激烈的，我们正处在一个重要的上升阶段，所以大家都希望我能去录。

我只好不断地解释我的状态是没有办法录制的，但他们还是不能完全理解我当时的处境，直到我非常坚决地说我真的不行。

　　那是我第一次对我的工作说"NO"，我以前从来不敢说"NO"，因为我怕我说了就再也没有机会了。

　　我在家里躺着，一直在睡，我每次醒的时候都会跟自己说："等会儿我再睡过去，还能不能醒来？"

　　一个人"隔离"在自己租的小房子里面，就这样一天天挨过去。我的朋友给我买了一堆泡面和速冻食品，我怕传染给他们，就不让他们再来。我把自己关起来，睡醒就吃一点东西然后吃一点药，再睡，再

醒来，再吃一点东西，然后又吃一点药。

我躺了四天，我当时的感觉是我快要死了，无边的苦涩以及恐惧笼罩着我。

结果当然是我慢慢地退烧，好了起来。

而在我病着的那几天，太阳照常升起，节目照常录制播出，没有谁地球都照样自西向东转，空气的纯净指数也不会受到任何影响。

但我却深刻地认识到，除了身体是自己的，其他都是扯淡。若眼睛一闭，不睁了，把浅斟低唱换了浮名，何用？

人的姿态和心态像一面镜子，可无论怎么照，都得像自己才行，所以别装得太累，有的时候说"NO"，即使会有所失，却也是没有更好办法的选择。

# ·28岁放弃一切，重新奔跑·

杭州，一个被装裱在画框里的城市，有一种令人窒息的美。

28岁那年，刚好是我在这里生活的第十个年头。身份证所在地已然是"杭州市西湖区"，我以为，自己定会在这里生活一辈子。我知道所有知名餐厅的特色菜，熟知哪条街上的麻辣烫最对味，梅家坞哪个大爷家的农家菜最好吃；光顾过80%以上的咖啡厅，常与友人一本书、一杯茶，一番闲聊一个下午。

杭州的美是那样地让人迷醉，每个月份都会给你不一样的感受。这种流动的、新鲜的美感不断地注入人的感官和身心当中，让你欲罢不能。它就是这样柔软的，养出像玉一样温润细腻的杭州人。

28岁那年，我在全国排名前三的省级卫视当中，同期拥有着二三档黄金时间段的综艺节目，有着稳定的位置，拿着还不错的收入，事业编制、铁饭碗一只。可谓"家庭有温暖、社会有地位""既负责貌美如花，还负责赚钱养家"。

我深爱着这座城市，并觉得它也同样爱我。没有人会想到有一天，我将和它作别，包括我自己。

选择离开，是因为我看到了"未来"的样子。

我在28岁的时候，却已然看到38岁的样子，48岁的样子，当我老去的时候，又是个什么样子。当一切变得可以预见，似乎就缺少了精彩和激情的部分。虽安定、平顺却没有了梦想与期许。事实上，还有很多类型的节目是我没有做过的，我渴望去尝试；有很多人我没有机会去会面，但是渴望与之为友；还有很多的地方我没有去过，却期盼彼岸之风景……简而言之就是：世界那么大，我想去看看。

在众人不解的目光中，在挚友苦口婆心的劝说下，我放下一切，轻装简行。我知道，选择，有的时候意味着"飞蛾扑火——找死"，但也可能是"凤凰涅槃——重生"。无论何解，我行、我认、我从容。

下一站，首都北京。

处理好所有事情，刚好赶上临近春节，去山西卫视直播完小年夜的春晚，直接从太原飞回老家。

那个新年，我竟有机会在家里待上大

半个月，幸福是不言而喻的。往年差不多都要到大年三十才能往家飞，然后初六初七又回去工作了。那个新年家人的议题已经从我一个月赚多少钱、什么时候结婚换成——"你为什么要离开杭州"了，我不厌其烦地和大姑说完和二姑说，和二姑说完和老姑说……一直说到最后永远都是："你们放心，我很好。"印象里除了絮叨这件事情之外，还有就是我妈做的饺子越来越不好吃了。

走的那天，我妈拽着我的手哭了，因为她很久没有为我的未来担心过了。我记得上一次她哭应该还是我去上大学的那一年，因为要单独远行，她不放心。可是十年以后，她又哭了。我懂她的心思，她在为我的未来担忧思虑。她不知道等待我的会是什么，路上会不会遇到坏人？前途会不会不平顺？那座大而陌生的城市会不会接纳她的女儿？而这个孩子会不会哭？北京到底冷还是不冷？……

带着爸妈的眼泪深夜上路，车子一直在往前开，旁边一辆车都没有，只看到了一束通往远方的车灯光。那一刻，被黑暗包裹的我有些许的惶恐与失落。一直以来，我以骄傲的成绩受到老师的呵护，工作后得到同事们的照顾。我在大学还没有毕业就签到了电视台，所有的事情经纪人和助理都帮我处理得很好，完全不用跟外界有任何的交际，我只要做好自己的本职工作就可以了。但是未来的路需要我一个人去面对所有，成功或失败，欢笑或泪水。再没有可以依靠的港湾和臂膀，能够依赖的除了自己还是自己。

18岁那一年，我告别了我的故乡，背着梦想去了杭州；

28岁那一年，我告别了我的第二故乡杭州，背着梦想北上，好像梦想越来越重了，而我也越来越有力气。

对于杭州，我含着热泪转身，留下背影，只身前行。

## · 北京，请你爱我 ·

在一个落雪的冬日，我只背了一只双肩包，到达北京，像极了当年一个人去杭州的画面。走进新租的房子，楼层很高，迎面有一扇很大的落地窗，站在窗前，阴天、雾霾，外面是一个灰色的、晦暗的世界，仿若空气里到处都夹杂着颗粒似的尘埃。寒冷、萧瑟而孤独。

北京，这个既熟悉又陌生的城市，我开始请求它的接纳与包容。

事实上，出发来北京之前，我已经和一个很要好的经纪人姐姐，人称"京城王妈"说好，我们会一起努力，做一个全新的经纪团队，创造一份属于我们的事业！虽然北京的天气不如我看惯的"花红柳绿"，但心境上没有受到太大的影响。

我们如约在一个咖啡厅见面，见到"王妈"，便多了一种安定的归属感。

可当我们坐下来以后，我发现她的表情不太自然，然后，她极其尴尬地跟我说了一句话："我怀孕了。"

我的大脑突然短路了，我们不是已经约好了，要一起好好地打拼，做出点大事来吗……这个时候她忽然跟我说，她怀孕了，这意味着她需要更多的休息，她需要各种各样的检查，脑海中自然浮现一个大肚子，一边吐一边陪我录影的画面，顿时"累觉不爱"了，心里眼泪已经泛滥成河，却依然咬着牙、瞪着眼地跟她说："恭喜！"

故事就从这里开始了，我在北京的日子正式拉开了帷幕。

虽然我的经纪人怀孕了，虽然她需要大量的时间休息、调整，但"王妈"还是承担了很多的工作，依然很努力地帮助我做了很多事情，除了不能陪我去录影，她所有的工作、事务都处理得很好。所以我依然非常感谢她，在那些寒冷的日子里，给我的拥抱。

刚刚到北京的时候，一切都不是很顺利。我没有什么朋友，除了柳岩请我去她家里吃过一次饭，几个陈年旧友为了迎接我聚过一两次，再就没有什么活动了。因为我本就是个不善交际的女娃。走在马路上也不再需要戴帽子和框架眼镜，鲜少有

人认识。因为在杭州满大街都是我们主持人的宣传海报，公交车载着我们的
"大头照"满浙江地跑，一度以为自己红得没谁了，全国人民都必须是认识我
的。而事实是：南北有别，文化差异巨大，观众的喜好、关注点完全不同。就
像南方人是看不太懂东北小品的笑点在哪里，北方人一辈子也不能理解"清
口"到底幽默在什么地方。到了北京以后才知道，我要面对的是全国的电视
台，是一个巨大的市场。很多电视台确实是知道有"左岩"这样一个主持人，
但是他们并不知道我到底擅长什么，能做什么。所以那段时间我的经纪人收到
的回复差不多都是："左岩啊，我们知道啊，打算来上节目吗？好啊，你可以
让她来试试看。"

"来试试"三个字、两个音，却非常地伤人。一个排名前三的省级卫视的
四大主持之一，一个主持过很多同时段收视排名第一的综艺节目的主持人，被
其他卫视要求"来试试"。

好吧，心理落差是有的，但是，自己选的路，跪着也要把它走完。

任何产品，想要打入一个全新的市场，除了品牌有保障、产品质量好这些
硬性条件之外，那就是要客户试用过，真正认可，才能口口相传。于是，促销
活动避免不了。整个团队终于将自己飞翔的心调整到了地平线上，倒空心灵，
我不再是什么著名的主持人，不再是当家的花旦，和过去的一切说再见，带着
出道时候的心情，努力去做好现在的事。既然所有的电视台都是要试过才行，
那好啊，我们就去试试看！

从那以后我不拒绝任何工作的邀约，"王妈"也不跟对方谈价格，只要有

节目需要用我，不论是什么类型的节目，我就去主持，让他们试试看。

我们大概花了四五个月的时间，上了差不多有二三十个台的电视节目。当快要累倒的时候，很多台接二连三地给了我们回复："很好用！""大台出来的就是不一样。""特别的幽默。""节奏感很好。"……当我的经纪人把这样的信息传递给我的时候，我只说了八个字："促销结束，恢复原价！"

于是我们开始越做越顺利，我们录制过中央电视台、中国教育电视台、江苏卫视、河北卫视、四川卫视、重庆卫视、甘肃卫视、江西卫视、黑龙江卫视、江西卫视、甘肃卫视、贵州卫视等近20家电视台的各种各样类型的节目，包括综艺的、娱乐的、生活服务的、教育的、古诗词的……

这中间最让我兴奋的是，有一天，浙江卫视《爽食行天下》的制片人州州姐给我发微信，说："新一季的爽食要开始录了，你要不要回来主持？"我正在沙发上躺着看书呢，看到微信，当时就从沙发上弹了起来，又重新看了三遍，才敢确认她真的是在和我说请我回去主持。那一瞬间，五味杂陈。我知道我会去各个电视台主持节目，但这中间，应该不包括"浙江卫视"，结果当然是，我欣然前往，"一家人"在杭州团聚。

　　从我来北京的第一天，我就抱着一种漂的心态，因为它实在是太大了，它的那种大是由无数个小小的我堆砌而成的。我和很多行业的朋友聊过天，比如美甲师、快递员、中介员、出租车司机，他们当中很多也不是北京人，有的兜里揣着几百块钱就来了，我问他们为什么，答案基本都是："因为这里是北京，我想来看看。"

　　转眼，又到了初冬，我选了一个有水、有树的房子，住了下来。也许是窗前有了那么一抹绿色，也许是阳光已洒满心底，不觉间，初到京时的苍凉俨然变成厚重，而我，依然是千万追梦者当中的一员，内心里仍旧歇斯底里地渴求：北京，请你爱我！

## ·创业，根本停不下来·

　　掌控未来，是每个年轻人的梦想，创业无疑是给这个梦想插上了翅膀！这两年国内创业的年轻人特别多，有的是还在象牙塔里读书的学子，都是为了给自己拼个未来，于是我也加入了这个行列。我觉得自己那么年轻，总得再做点什么吧？虽然主持人的工作已经够繁忙的了，但我还是渴望创造出一片属于自己的天地，我就是传说中那种拥有了自己的事业，才会觉得踏实的人。

　　"左岩"就是我创业以来开创的第一份事业。我和我的团队注册了"左岩工作室"，来全权打理这个品牌，我们花了很多精力思考我的形象、节目内容、外包装，等等。而做这个品牌不是一蹴而就的事，大到风格定位，小到服装造型，样样都要规划整理，精心策划。有了专人的维护，我们的团队把工作做得很细、很

到位，这个品牌越来越释放出了它的光彩。不得不说，这对我也是一种激励。

趁热打铁，有了这个品牌的运作经验，我又开创了第一个个人品牌——"臻阳珠宝"。虽然我不是那么喜欢金银首饰，但是对玉器却情有独钟。"臻阳珠宝"是一个翡翠工坊，我把它定位为"中国的翡翠定制专家"。我们为她的诞生举行了盛大的开业典礼，至今想起我依然心潮澎湃。

做定制必须要有好的雕刻师傅，刀工过硬，审美眼光独到，又对翡翠了如指掌，无论哪一点欠缺，都会影响到这份事业的发展。可是这对我来说跨度有点大吧？可能每个创业的人都有过我的这种感受，因为公司的事务真的是太复杂啦！大到人员招聘、拟定合同和签

约、制定公司的方针政策、维护客户的关系、考核员工绩效、设立激励机制和去留机制，小到公司没有了打印纸，需要买多少，没有一样不需要操心……

我感到分身乏术！毕竟我之前是一个纯粹的主持人身份，所有的事务均由经纪公司和经纪团队来打理，而今我却必须要事无巨细地参与和处理工作的每个环节、每个细节。简而言之，我需要转型！就是重新学习，像小孩子刚上学学写字那样，一笔一画地写，还要时时担心会不会出错。

我想这个时候如果心理不够强大，一定会感觉焦头烂额的，所以我花了很长时间来调整自己的心理节奏，从原来不需要去和任何人沟通，到学会去和所有人交换信息。开始的时候我心里也挺痛苦的，毕竟沟通是一回事，收获有效信息和执行是另一回事，即使一件非常简单的事，背后也有它的规则。经历这样一个磨合的过程，我逐渐适应了这个角色，并找到了平衡的位置。

"臻阳珠宝"运行近一年时，各项工作都有条不紊地进行着，我觉得整个项目已经比较成熟

了。这时我看着手中世界各地旅行的、身心灵修养的、灵魂清洗的活动信息，竟然无动于衷。因为我感觉这不是休息的时候，我心底还想做些什么，我发现自己对创业有点上瘾了。上瘾的感觉很难形容，当我将一个产品推向了市场，我所有的精力都在关注着这个项目的发展，我不断地改进它，看着它拥有越来越好的业绩，心里便有了一种成就感。就像刚演完了一场话剧，一场大型的直

播，我曾经从中收获的是鲜花和掌声，而现在收获的是内心的富足和充盈，我爱上了这种全新的体验。

爱美是每个女人的天性，我一直有一种想法，就是做一个属于自己的美妆品牌。于是经过深思熟虑，我的第二个创业项目"岩色"美妆诞生了，它不仅有护肤品，还有彩妆产品。这次同样出人意料，我又进入了一个全新行业！一切又要从头再来。事无巨细倒还能适应，当我了解"互联网+"的时候，在"全网"这个巨大的概念面前，我又一次飘进了知识的海洋，不停地了解信息，查找资料，听各界的朋友们的建议。为了让我的产品能在全网铺开，我必须做出选择，真的心力交瘁！

站在30岁的端口，我开启了一个全新的世界，它的未来充满了幻想和挑战，不停地激发着我的每一个细胞，令我热血沸腾地融入到这些工作当中。当我的团队和员工用那样信任和期待的眼神看着我，当我们一起去为了一个项目拼搏，当我们为了一个产品挑灯夜战，这种感觉都在激励着我，这种感觉是只有我们这样的创业公司才会有的。如果有一天我老了，回想起这样一段奋斗的日子，我的内心一定是温暖而富足的。

创业的每个项目都是我的珍宝，我爱上了它们，爱上了这种感觉，它们是我内心飞翔的天使，令我每天无比充盈而快乐。当我做完了一个项目下一个又来到我心里，似乎我的脚步已经被它们牢牢地掌控了，就像是冲浪一样，有种惊险刺激但令人爱不释手！在惊涛骇浪里，我依然希望自己的姿势是优美的，因为我的内心充满感恩和愉悦！

# 留有遗憾，也是美

我是一个对"美"有执念的人，所以我想女人无一例外是爱美的吧！否则世界上为什么有那么多设计师、服装师、化妆师呢？这些职业都是应了女人的需求才得以发展起来的，所以，就不应该有不美的女人。贾宝玉用水来形容女性，最恰当不过了。但我发现其实不同的地域、环境、民族、年龄甚至性别，对于外在美的判断标准是有差别的，但是对于由内而外散发出的善良、自信、从容、真诚，却毫无例外地被认知为大美。

从小到大我的好朋友都是小美人、大美人，混在美人堆里的我，那叫一个养眼又养心。高中的时候有件事情对我的触动特别深。我有个好朋友，她个子很高，腿细长细长的，就是那种特别适合跳舞的身材，而她也不孚众望，总是能成为每个舞蹈队伍里最闪亮的一个。连我父母都夸她漂亮。

其实想一想，一个十几岁的小姑娘，哪儿懂什么美不美，只不过是大人那样说，我们心里便也认定是的。

每到学校里有什么重大活动，我就会报名参加主持人选拔，而她呢，总是会当舞蹈领队。我休息的时候到后台去，看她穿戴漂亮的舞蹈装，化化妆什么

的。她对自己的服装和发型要求特别高，无论是穿裙子还是穿裤子，她都要一个小褶子都没有，其他人都没办法做到这样的一丝不苟。你不得不带着欣赏的眼光看着她，有时碰到舞蹈服不够理想，她都会拿回家让她妈妈给洗洗或者熨烫一下。现在想想，她应该是传说中的处女座。

在高二的下半学期，正值国庆，学校要举行盛大的庆祝活动，当然少不了舞蹈，她就成了大家期待的对象，听说她每天还回家对着镜子一边跳一边练习微笑。彩排的时候领导都非常的满意，老师和同学们都非常重视那场比赛，我们都铆足了劲儿想发挥出一个好的水平。

也许是活动前夕准备得太过紧张，以致当时的心理压力特别大。临近比赛的前一周，我的

嗓子有点沙哑。有一天早晨我们在校园门口碰到，她听到了我沙哑的声音，而我看到她那一脸的小红痘痘，毫不夸张地讲，满脸都是那种密密麻麻的小红疙瘩，密到两颗中间的位置绝对放不下第三颗了。见到她的第一眼，我真的想用"惨不忍睹"来形容。完全没有办法化妆，如果演出前这些坑爹的小痘痘不消退的话，她恐怕是上不了台了。

后来她爸妈赶紧带着她去医院看医生，做了一系列检查，又是抽血又是验尿，最后医生说是常见的风疹，及时治疗的话一周的时间痘痘就可以完全褪去。可是练习了那么长时间，现在突然变成了病号，而且是一个样子很丑的病号，她难过极了。

　　放学我就和同学们结伴去看她，她很沮丧，觉得自己的样子太难看，肯定没办法上台了；就算上了台，大家也不会喜欢。对于一向非常注重外表的她来说，难过是一定的了。

　　但演出的日子还是如期而至，那天我的嗓子好了很多，我趁演节目的时间到台下喝口水，润着嗓子。下一个节目是她的，我报完下去的时候，看到她到台侧候场，脸上的痘痘并没有下去多少，她伤心地一直在哭，妆都有点花了。这时我们学校的一位女老师走到了她面前，轻轻拍着她的背说：

"一个人有精致美丽的外表，这固然是好的。但是如果没有的话，也不要悲伤气馁，因为再美也不如拥有强大的自信心好。一个不够自信的人，就算美到无可挑剔，她也会觉得自己不行。"

她愣在那，显然没有太听明白老师的话，我干脆给她翻译了一下："老师的意思是说，我们是看你跳舞，不是看你的脸，你只要自信地像往常一样跳就好了，台下几乎看不到你的脸，真的！"

我看到临上台的那一刻，她似乎还有点犹豫，但当音乐响起的时候，她像个精灵接到了旨意一样，飞上了舞台。我看到了另一个她，那么自信，那么美丽，而观众们都为舞蹈者着迷，很少有人注意到她脸上的痘痘。或者有人注意到了，反而感到这个女孩好坚强，竟然带病参加演出，而且还跳得那么好。台下只有赞许的目光和一阵阵热烈的掌声。

估计每个人生活和工作中，同样会遇到类似的状况，比如我的眼睛长了一颗很大的麦粒肿，但是也照常录影，观众并不会因此而怪罪，反而更多了善意的关心。

那么到底什么是美，到底什么时候我才是最美的？我们当然要努力让自己的外表看起来更加出色，但那只是美的一小部分，这个世界上其实没有"完美"这件事，若生活偶尔出现些许的遗憾和瑕疵，那么坦然地接受它，从容地面对它，坚强地走过它，享受这种不完美带来的成长，从而感受自己内心的强大。

# · 从农村土妞到时尚女王 ·

　　我生在一个小山村，童年的记忆里充满着泥土的芬芳，和家里的鸡、狗、鸭子都是朋友，唯独看到猪会跑得远些，因为它看起来实在是太大了，而且臭臭的。

　　父亲大学毕业到双鸭山市上班的第一年，我的生活发生了些变化。四岁的山村小妞哭着和院子里的小伙伴告别，别了，我的泥巴仗！别了，我的黑牛！别了，大黄（狗）和小红（公鸡）！我接触到了很多新事物，外面的世界很大，不像小村庄一样家家户户都认识，城市里更多的是飞驰而过的汽车，匆忙的人群和林立的店面，和村子相较而言，多了些熙熙攘攘。我的家从原来的那种静谧的状态被流动的信息充斥着，我感知到了这里有一些我喜欢的新东西——改变。

　　大街小巷流行着某种款式的衣服，人们谈着今年的时尚发型。人们对新事物的热衷使我感到有趣，他们如此乐此不疲，表达着对新的热爱。但是说到底，它依然也还是个弥漫着淳朴气息的东北小城。

　　日子一天天过着，我也一天天地长大。开始懂了什么是好看的姑娘，穿件牛仔外套就觉得自己洋气得不得了。但是"时尚"是一个从来不敢想，又遥不可及的词汇。

第一次定义时尚，是在我看过《罗马假日》以后，我发现自己情不自禁地喜欢奥黛丽·赫本，她的美貌和气质吸引了我，但是更令我叹服的是，现实生活中她那双迷人的眼睛背后，藏着一颗玲珑剔透的心。我不得不感叹，善良也可以达到如此的高度，甚至享誉世界，善良并不一定非要是直白的、简单的、乏味的。她是天使，并非美得不可方物，她用她高贵的气质，美丽的天使之心，折服了世

人，给了我对时尚的诠释，这才是时尚的、美的理念。我从心底里渴望此生可以成为那样的女子。

上大学以后，我往杭州、上海的同学旁边一站，虽说也算是天生丽质，但总归透露着那纯纯的乡土气息，气质这件事是在一个环境当中长时间锻造而成的。我知道我需要在大学的生涯当中彻底地改变它。于是我省出很多的生活费，花在买时尚服饰、美妆的杂志上，自己在宿舍里拿着化妆品往脸上一顿乱

涂，慢慢地研究摸索，各种便宜的衣服配饰一顿乱搭，记下搭配的心得，但是始终没有人告诉我到底是对的还是错的。只是现在翻看大学时期的照片，隐约觉得越来越好看了，可也说不出哪里有变化。

前两天无意翻看视频，看到第一年参加工作的时候，去香港时代广场主持跨年演唱会，搭档是钟汉良，台上还有古巨基、容祖儿很多大牌艺人。视频里的我穿了一件粉色的抹胸小礼服，头上还戴了个闪亮的发卡。那么重要的跨年演唱会，衣服是我从淘宝上花150元买的伴娘礼服，脸上是我自己化的妆，头发是酒店楼下理发店盘的，卡子是我在地摊上淘的……画面里的我激情飞扬，自信满满；画面外的我被自己的造型雷得外焦里嫩，笑得前仰后合。怎一个"土"字了得？

但是渐渐地，随着我在传媒行业的深耕远行，我获得了更多、更大的舞台，和更加优秀的团队及造型师合作，在无数次的失败中寻找自己的方向，并懂得了扬长避短、化繁为简，努力地让自己变得越来越好。

第一次被定义时尚，是团队有一次为主持人们做定位宣传，搭档们都被定义为"青春新偶像""综艺小天王"什么的，到我这儿大家给了我顶帽子"时尚女王"，我当时一口咖啡差点没喷出来，我问同事们："我？时尚吗？"他们说："挺时尚啊！"

好吧！尽管战战兢兢地收下这个称号，也清楚地知道这只是包装用的名头罢了。可是"时尚女王左岩"后来真的做了一大批时尚节目：《卧底超模》《国际旅游小姐亚洲总决赛》《盛装亚洲》《时尚美妆》等等，后来竟然还得了"亚洲年度时尚主持人大奖"。

而我，清楚地知道，时尚是一条一辈子都走不完的路，要时刻让目光聚焦在世界最前沿的色彩，信仰至美，心怀大爱。

我绝不是最时尚的人物，更不敢担当"时尚女王"的称号，只是一个从对时尚观念懵懂的农村土妞，走到今天的时尚主持，我的转变不可谓不大。但是支持我产生这一系列变化的，不是什么命运的驱使，不是所谓前程的安排，而是我对时尚的喜爱和追求从未改变。

有很多人觉得，在追求时尚的道路上，我们容易被误导，很容易纸醉金迷、风花雪月，但是我一直以奥黛丽·赫本为镜，我相信世界上最时尚、最美的东西，就是那种无言的高贵和纯净的天使之心。我对珠宝的爱，对美妆的爱，无不如此。

# ·用积极的心态给自己加分·

有一首歌，我记忆犹新："阳光总在风雨后，乌云上有晴空，珍惜所有的感动，每一份希望在你手中。"每当遇到不顺利的事情，我就会默默唱起这首歌，与其说是抒发情怀，不如说是想给自己激励。

我想，假如你渴望一切美好的事物，假如你渴望朝着美好的方向走去，你就得让自己有一个积极的心态。当你的心态是好的，就算现实不够理想，生活雾霾再重，你心里的天也是蓝的；就算人生的挫折再大，你眼前的路也是宽的。

有时生命中总有无法得到的和抱憾失去的，在这种失意不断地冲击下，人的忍耐性和接受能力也越来越强。有的人可能在历练中越来越坚强了，但是有的人却慢慢被挫折打倒了，产生这种差异的最主要原因还是来自我们的心态。我特别佩服那些可以接受失败的事实，可以默默消化失恋的痛苦，脸上依然带着微笑的人。他们在悄然中将生命的惊涛骇浪，化作了平淡无奇。很小的时候，我就开始学着做一个那样的人。

开始的时候，一切都不像决心想要的那样，特别是在小学生病的那段日

子，我要独自面对莫名的病痛，独自在家盼着父母回来，哪个女孩想要的是这种生活呢？我也想春天放风筝，夏天荡秋千，秋天采野花，冬季去滑雪，过上同学们都拥有的五彩斑斓的生活。那段孤独的日子，我的心常常对自己说："明天会好起来的！"我只有用这份期盼，来填塞平淡的日子，劝慰自己的心灵。

后来我读了安东尼的《小王子》，里面有一句话我非常喜欢："星星发亮是为了让每一个人有一天都能找到属于自己的星星。"我发现，其实每个人的生命都是不同的，就像世间之大却没有两

个人的指纹是相同的，我开始学会接纳自己，接受这种不同就是我生命的颜色。这样想了很久，我渐渐接受生命中的不完美。

当我的认识改变了，原来的那种感觉就消失了。我反而很奇怪为什么自己会觉得以前的时光是痛苦的，即使是生病太阳每天还是会出来，我依然读着自己喜欢的书，这就是我的生活，我应该爱护它才是啊！其实人人都是与众不同的，我们每个人都与其他人存在着差别。当心里不再对差别那么敏感，对这种差别也就视若无睹了。虽然在我五年级以后，就能像所有孩童一样玩耍，不再总是生病了，但在这之前我就已经拥有了快乐时光，这种积极的心态陪伴我一路走到今天。

　　无论是生活还是工作，人生不尽人意的事情真的很多，生活既然不是为你而创造的，我们就要去改变它、适应它。但在这之前，你要拥有改变它的力量。积极的心态不是谁能给予的，它们是从我们的内心生发出来的，需要你去浇灌它、培育它，才能长成参天大树，在需要的时候，它才会给你力量。

　　我想我们要有保持好心态的能力，保持得越久，这种好的心态才能逐渐形成一种习惯。我是一个最害怕遭遇什么挫折就马上放弃的人，我宁可坚持一段时间，看看它会不会有所转机。也许最后的结果依然是不尽人意的，但是这个坚持的过程是非常重要的。能不能坚持，能坚持多久，往往是考量一个人意志力的参数。所以如果我们想拥有一种积极的心态，至少先要学会扛住压力，坚持一段时间，让自己有个适应和成长的空间。

拥有疏散坏信息的能力也很重要，毕竟生活里什么事情都不是无缘无故，哪怕是坏事的到来也会跟其他的人与事有着千丝万缕的联系。既然这样，我们何不把它们疏散出去呢？疏散坏信息的目的是为了得到更多的支持和鼓励，最好就是给自己的老朋友打电话聊聊天，说说自己的想法；和老朋友一起外出旅行散散心，用你自己的方式去疏解那些坏信息带给我们的压力，让自己开心起来。

积极的心态对我的人生多么重要，让自己开心，这样对于父母来说，也是一种莫大的安慰。我想，不管我身在何方，只要我每天都开心快乐，父母就会安心、放心。

## · 我调整情绪的法宝 ·

曾经读过毕淑敏老师的一篇文章，至今还记忆犹新。她在文章里说："如果你渴望健康和美丽，如果你珍惜生命的每一寸光阴，如果你愿为这世界增添晴朗和欢笑，如果你即使倒下也面朝太阳，那么，请锻造心情。"

没有谁的人生是会一帆风顺的，人所有的梦想都要自己去拼搏，而在拼搏过程中遭遇的挫折与磨难，也要一个人独自承担。流泪也好，伤心也好，你必须一点点把阻挡移开，否则就要停在这里。痛苦可不是什么美味哦！

虽然我本来是个安静而理性的人，但因为工作关系，我总是在观众面前，保持着一贯的阳光形象。我要求自己一旦走上舞台或者工作，便撇开任何个人的情绪，所以很少有人能

看到我不开心的一面。但我又不是神仙，如果心情不好，走下舞台后我会干脆大哭一场，大睡一觉。工作之余我喜欢养养狗，一个人在家的时候，还会研究研究石头，喂喂鱼什么的。在这些适合静静地感受的爱好面前，我才是放松的，是愉悦的。但是这对于清理情绪完全没有用，因为你不能把注意力转移到这些事情上去，怎么可能真正排除它？所以，清理情绪的办法因人而异，我觉得没有最好，只要适合自己就是好的。

哭泣、睡眠和放松都是在以"稀里糊涂"的方式，"赖掉"不愉快，并不能真正满足排遣情绪的诉求。最怕是你想忘记也忘不掉，过多的积累造成了心塞，坏情绪发酵起来好可怕。所以，我工作多年后，养成了一个好习惯，每天会关注一下自己的情绪，不让它们积压起来。

而每当我遇到不痛快的事情，就会

用我独创的心法——大化事情，小看自己。

　　似乎"大化事情，小看自己"是不对的，因为这样我们岂不是让情绪越来越厉害，而自己的控制力越来越小吗？非也。我说的"大化事情"，就是把这个事情放到前尘往事中去，再放到未来的大局中去，看看当下这个事情，在过去发生是什么情况，看看它对于未来的坏影响究竟有多大。

　　一来二去我发现，无论什么事情，都不值得那样的难过。因为把当下的烦恼摆进这个格局，看着过去的挫折，望着未来的路，当下的事情就好像是一个必经的阶段，突然没有了杀伤力。在大局中，我更加看清了此事的问题所在，所以我很少让烦恼影响我的健康、我的工作、我的生命。

　　用这句话来形容我的体会吧：世间除了生死，一切都是小事。

　　然而，光看大局，有时还不足以息事宁人，因为世间为这些"小事"冒火的人比比皆是。我发现这也和内在的修为没有关系，就如同正在安静钓鱼的人被突如其来的事打断，会产生一些不快。这种不快也许很快就消失掉了，也许需要一样同等能带来快乐的东西慰藉一下心灵就消失了。但是我们都会习以为常，不好意思去想这样微小的事情，而把注意力都集中在面前的大事上。但是情绪得不到排遣，依然会在内心作祟。也许结束一天的工作，却在睡前莫名其妙地感到不安、不愉快。

　　为了自己有个愉悦的心情，不如我们干脆就面对一下它们。放下自己是个大人物，"小看自己"一次。我觉得只要你能放下自己心中的面子，去感受一下心灵，就会发现，每个人都不应该忽略这些微小的情绪。面对它们，找到我

们之所以产生不快的原因，告诉自己的内心，这是所有人都会遇到的，接受它们。

而对于人生中较大的挫折，或许看似成因复杂，避之不及，而当挫折摆在面前，你沮丧也逃脱不了。这时你更该"小看自己"，努力不够，往往是造成这种局面的原因。越想着自己是如何优秀，就会越产生与事情做对的心理，所以，放下面子，让自己用真实的面目面对生活，调整自己的状态，去面对下一次的挑战。

回首过往，曾经的我，也迷茫与彷徨过，但是每次遭遇挫折和打击，我都会对自己说：要小看自己，即使一切需要重来，我也有"雄关漫道真如铁，而今迈步从头越"的勇气。

## ·做一个能独处的女子·

　　"无名且在花前坐，烟柳岸听落叶悠"，用这句诗来形容我独处的感觉甚好！喜欢独处，不单单是因为想留点时间给自己思考，更多的是享受这种无所挂碍的感觉，飘然但不出尘，自在却不绚妍。

　　每个人都有烦恼，人人都说烦恼是青丝，剪不断、理还乱，的确是这样的，我也不例外。经常会碰到各种奇葩囧事，开始的时候应对不暇，慢慢地习以为常。但是真正做到心无尘埃，简直比登天还难。所以，我需要一种放松的方法，能让自己全身心地恢复，抛却烦恼，回到自得的状态中去。

　　经过多年的尝试，我也找到了一种排遣烦恼和忧思的办法：独处。

　　开始的时候我只是在繁忙之余，想给自己一点时间，来品尝一下当下生活的快乐。竟然意外地发现，独处后放松的效果非常惊人。我不但品尝到了独处的美妙，而且调动起对生活的观察，发现生活中司空见惯的地方，也存有美妙之处。

独处，不但有利于恢复身心，而且能让你保持觉察，可谓一举两得。

　　常常会有人说，独处就是感到孤独了！其实独处和孤独完全是两码事，就像创业的时候，我一个人，却面对着大大小小、络绎不绝的问题，分身乏术，内心确实很孤独。但是独处者内心却不见得孤独，反而有着一种闲逸在里面。

　　就像一个雨中漫步的人，你不能说淋雨是一种苦，因为此时，对于漫步者来说是一种享受。丝雨润如酥，浇灌在心田，这雨和这世界都沉浸在一种美妙的感觉当中。

　　我独处的时候一般就爱做两件事：养鱼和给狗狗梳毛发。这种独处是有互动的，我

喜欢看着鱼品尝到我喂给它的食物，那瞬间做出的欢快姿态。狗狗享受着我的爱抚，一副满足的表情。我在用心地体会自己和它们接触的感觉，似乎心灵都回到了一种自然坦然的境地，烦恼也消失不见了。

　　独处可以根据自己的爱好来选，但是时间最好是选择休息日，没有旁人的打扰，静静地做自己喜欢的事。别小看了独处一段短短时光带来的效果。我常常是在繁忙后特地选一段空闲，来专心致志地做这件事。这是一个放松身心的过程，人整个都从繁忙中跳脱出来，进入了一个自己熟悉而轻快的世界。就像是一个人，随着漫天的雪花舞蹈，体会飘落的那种美好，纯白的世界，很多烦恼都被洗涤清除掉了。

　　等到人回到了现实生活当中，你会发现自己浑身是劲儿。也有对付昨日不尽的旧事的勇气了，也有了面对新困

难的信心了，这对人来说无疑是一种身心的洗练。

我最怕的是，明明心头烦恼诸多，却非要装作没事。那样会把烦恼积压起来，长久地排遣不出去，人就闷出病来。也很不赞成耐不住孤单的人，用熙熙攘攘的繁华来填充自己，那繁华落尽时候的凄楚，又不是常人能够忍受的。不如平静地面对真实的自己，独处，就是这样一个绝好的机会。

　　我见过很多女孩独自在咖啡厅浅啜，手中拿着一本书，静静一个人翻着，消磨掉一个上午。你也许以为她们是在等谁，也许以为她们是在品味咖啡，我却知道她们是在犒慰自己的内心。带着点浪漫的、暂时脱离尘世的情怀，点缀着都市的繁华。而当她们走出这样一个空间，也许会忘记了曾经来过，却能换上一副浅浅的微笑，这样柔美的女孩，在我的记忆里有着特别之处，她们懂得独处的美好。

　　每个人都需要一段独处的时光。也许你会说，没有尝试过独处的滋味。那么就在休息日的午后，起床后放着轻快的音乐，做一些自己喜欢的事情，你会发现世界充满祥和，你越来越爱自己，越来越了解自己了。

第六篇

忠实于自己的内心

## · 你我都要努力，谁也不能偷懒 ·

　　在我很小的时候，我妈就说过：勤奋是一种好习惯，它能让我做任何事情都不拖泥带水，不被时间打败。我一直不是太懂这句话背后的意思，什么叫"不被时间打败"？

　　工作以后我发现，勤奋的好处是我做什么都干脆利索，而且对目前的事情了然于心。如果有充足的时间，我还可以去把自己感到做得不够好的部分弥补一下。或许正是因为这种习惯，使得我总希望做什么都做到我认为的最好才行，这样成功才能毫无疑问地只选择我一个。这也许就是对"不被时间打败"的一个诠释吧。

　　可长大以后，我发现懒是一种人性，世界上的人都有懒细胞，它们就藏在我们千千万万个细胞中间，平时是看不出来的，只到需要你积极参与和投入的时候，它会不停地扯着你的衣角让你待着别动。懒伺机作祟，防不胜防。

　　所以从我知道这个懒字开始，就觉得它是个贬义词，我的内心里也很怕别人觉得我不够勤快。

　　曾经有粉丝问我，怎么才能让一个女人永远看起来年轻？我觉得那个秘诀也许就是永远不偷懒，永远不断学习和改变。因为我觉得，世界上没有丑女人，只有懒女人，女人的不美是从偷懒开始的。一个女人，你只有永远以一种孜孜不倦的心态努力着、奋斗着，让自己永远活在希望当中，才能是一个拥有鲜活生命力的女人，是一个年轻的女性。

可能女人的老去，是从她着急嫁人开始的，但这不是主要的。无论男人还是女人，当人越来越懒，他所能获得的新信息就会越来越少，感兴趣的东西逐渐减少，他所能接受的就更不用说了，那么这个人，可能就会开始停止了成长。止步不前，又怎么可能领略到当下的美好呢？

所以我觉得停止成长是一个人衰老的标志。

在今天这个社会，信息四通八达，我们常常可以在网络上或者电视上，看到那些到了60岁还与时俱进、透着年轻气息的女人，过了不惑之年身材如少女一样的人，她们活在当下，令人振奋。

我特别佩服韩国的郑多燕，她已经40多岁了，却依然每天坚持健身，身材保养得看起来与二十几岁的女孩无异，甚至更美。

赵雅芝姐姐，她是我喜爱的明星，几十年如一日保持着精美的容颜，优雅的仪态，任何时候看到她都非常的赏心悦目。她从哪里来的动力？

我想，是对自己的爱造成的。

一个爱自己的人，懂得不让自己"蒙尘"，所以，懒所造成的不仅仅是容颜的颓败，更是心灵的荒芜，而真正的美是根植在内心强大的土壤上的。因此，我想，让我们爱自己，做一个勤奋的奔跑者。

人要有追求，才会有动力。说到追求，不要把目标定得太远，每个阶段有可以看到目的地的目标就好，这样人就会越来越有动力。而没有追求的人，会进入日复一日的平淡循环中，必然会逐渐懒惰，甘于平庸的。

爱惜自己的表现不单单是在外表上、在形体上、在内心上，更要把每天的工作和生活打理好。

世间不乏聪明者，职场中更是如此。人人都知道在工作中有许多的捷径，可以省时省力，只是有些事情不能省，有些环节是我们必须要做的，不可

投机取巧。我觉得人本来就是经过优胜劣汰来到这个世界的，每个人的智商相差并不大，投机是偷得一时的闲逸，可能会给自己染上懒惰的坏毛病。我的老爸常常说，做人要踏实，拈轻怕重，什么都做不成。确实是这样。这种投机看似聪明，其实也是一种懒惰的心理在作祟，否则为什么成功的人都不赞成投机取巧呢？

懒产生的负效应确实不可胜数，但只要你不激活它，不给它生存的土壤，它就不能肆意地生长。

做一个勤奋的人，让自己活在当下，每天都充满挑战、快乐，才能拥有无悔的明天，所以，辛苦算不了什么，我们每个人都在努力，谁也不许偷懒！

## 忠实于自己的内心

　　每每读到岳飞的《满江红》，我都会为其中一句惊叹："莫等闲，白了少年头，空悲切。"描写得如此真切，我心中难免不产生一丝后怕。谁说不是这样呢，时间如白驹过隙，弹指一挥，你看昨日的小女孩，今日已经而立之年了。

　　记得小女孩时的我，好喜欢自己的家，以为永远待在父母身边，就是幸福快乐。后来又想如妈妈希望的那样，踏踏实实地考上大学，出来找一份工作，平时能多抽出时间陪着父母，每年能和朋友去异地旅行。但是人生就是如此变幻莫测，从我上了初中后，就似乎有一种什么引力，在引导着我，让我走向自己热爱的方向，欲罢不能。我不断地在一些方面拥有意外的惊喜，获得渴望的成绩，我逐渐知道了，这就是梦想的吸引力。每个人都有梦想，梦想是很多人生存和成功的动力。

　　那时因为参与学校的主持活动非常多，作为同学们眼中风云人物的我，产生了未来成为一名主持人的想法。等我一步步实现了自己的梦想，我每天都可以站在这个舞台上挥洒青春的时候，我感到畅快淋漓。但是人生或许不仅仅如此，我发现每个梦想的终点，都是一个新梦想的起点。因为当我成为了一名主持人，又有了一个新的梦想——创业，从我心底蹦出来，点燃了我内心的渴望，让我每天都像最初一样充满希望。生活十年的地方加一份安稳的工作与我心中的梦想相比，最后天平向梦想的一方逐渐倾斜。我已经想到了未来会遭遇很多挫折和打击，但我想，如果此生我不去向它奔跑，我一定会有后悔的一天。

有人曾经问我，你如何舍得？的确，选择是个难题。我像很多人一样，主持人的梦想带我走到一个稳定舒适的阶段，也想过是不是要停下来。因为看得见自己的未来，是那么的平稳和幸福，抛弃它，重新来过，需要多大的勇气？而重新来过的风险是：你不知道未来会不会比现在更好。那个时候我很迷茫，因为我还看不到它是什么样子，于是我接着沉浸在思考中，直到我内心的渴望要喷薄而出，我

想这不再是一种设想，我已经积蓄到了足够的勇气。我非常渴望有一个大的突破，去尝试一种新的生活。

　　我以前采访过很多成功的人，他们无不是拥有梦想的人。有梦想，未来并不遥远。我相信，未来在不远处发光，所以像我这样向往光明的人，一定会为

此而奔跑，也许这就是不可预知的未来的魅力吧。虽然刚到北京的时候，诸事不顺，但我从来没有动过放弃的念头。有梦想就会有动力，我相信梦想实现了，一切都会随之改变。

我觉得人要忠实于自己的内心，有的时候现实需要我们暂时做出妥协，我觉得可以啊，暂时的妥协，是为了积蓄更多的勇气，有一天更好地实现自己的想法。在这个阶段调整身心是非常必要的，甚至有时需要调整自己的目标。人不能给自己设置过高的目标，使得自己在追求梦想的道路上疲倦不堪。我一直是一个知足常乐的人，会因为完成了当天的工作而感到非常满足。我想每一个再远大的梦想，都需要这样一点点去实现。我们要付出的不仅仅是努力，还要有好的心态。

当我创业的项目进入稳定期，在我休息的时候，我常常比在杭州时更加思念我的父母。创业给我的生活带来了天翻地覆的变化，我从一名主持人变成了一名女企业家，

我没有更多的时间陪陪爸妈，和他们一起饭后到外面去散步，但我相信，我做好了现在的事，迟早有一天所有的美好愿望都会变成现实。

如今再度读起岳飞的那句诗，我不再有那种悚然而惊的感觉，但是也不轻松，因为梦想是一条很长很长的路，我只是刚刚起步，未来还有很多艰难需要我去面对。我遵从了自己的内心，也许当时看来是任性了一回，我走着自己选择的道路，辛苦也是值得的、快乐的。

# ·六子和小七，狗狗的世界你不懂·

　　从小就养过金鱼、小鸭、乌龟、鸽子、兔子，甚至螳螂之类的小生物，工作以后特别地想养狗，看到狗狗就喜欢得不得了，可是由于常年在外地出差，所以如果养了也是没人照顾，便一直未能如愿。朋友们都告诫我"珍爱生命、远离小狗"。可是到了北京以后，我下定决心、排除万难，说什么也要养一条我最爱的金毛。于是，千挑万选地有了我的六子！

　　它是6月6号出生的，所以我给它起了个名字叫六子。六子刚来的时候特别淘气，和所有狗狗一样到处撕咬家里的东西；不知道怎么着就把自己的小脸弄得脏兮兮的；出门溜达看到水池无论大小，一定要下去游个泳；看到提袋子的阿姨非得爬人家身上看看里面装的是啥；要是遇到小朋友，我基本上就疯了，它看人家个子小觉得应该是它的同类，扑上去就和人家玩，吓坏了我和孩子爸妈……类似淘气的事情不胜枚举。每次回家它都免不了要挨我一顿打，因为狗狗和孩子一样是要管教的，不然一点礼貌也没有。我总是很生气地问它："你听懂了吗？下次还敢不敢？"它就用那世界上最无辜的眼神回应我。其实我知道，它是听不懂的，直到那一次——

六子还不到半岁的时候，有一天，我心情非常不好，回到家后就坐在沙发上哭起来。金毛很乖地坐在我面前的地上，抬起它的前蹄拍着我的腿，就像有人难过的时候，陪伴他的朋友轻轻地拍他的背一样。

我起初以为它就是想叫我和它玩，后来我发现它一直拍我的腿，左前蹄拍一会儿，换右前蹄拍，过会儿再换回来。天啊！我突然意识到它竟然是在安慰我，那专注的小眼神似乎在说："妈妈今天心情不好，我要陪在她身边，哄着她。"

然后我的心情就好多了，接下来我在房间里走动，我走到哪里，它就跟到哪里，好像要陪伴着我，又好像很不放心一样。我感受到了它的关心，原来狗狗是通人性的，它知道你的悲喜，而且它对你始终都是忠诚的。狗狗给我们带来快乐的同时，我们喂养它们，我们和狗狗形成了这种相互依赖和陪伴的关系。而对人来说，养狗狗同时还是一种情感的寄托，因为狗狗似乎什么都听得懂，它们就像是不会说话的人。

白天我要工作，经常很晚才回到家，六子自己待在家里，显得很可怜。而它是非常需要爱的那种狗，你可以不给它东西吃，但是你得每天摸它，你要摸摸它的头，抓抓它的耳朵，它就会很幸福。于是我就想，要不给六子找个伙伴吧，这样我去上班就有狗狗陪着它玩，不用独自待在家里了。

于是我带回了小七。小七是一只很小、很可爱的泰迪，样子真的是非常漂亮，毛卷卷的，又爱干净，它喜欢在太阳光照射的地方睡懒觉。小七也非常调皮，我经常趁它假寐把它的小爪子轻轻拉长，它又慵懒地缩回去，然后等着我

再去逗它。如果它还没玩够，看到我准备起身走，它会马上跳起来不停地围着我打转转，或者打起滚来，让我没法逃走。

小七就在六子的陪伴下慢慢长大了，它和六子的关系非常好，我经常看到六子用它的爪子给小七挠痒痒，小七则调皮地爬到六子的背上把六子当马骑。而且小七永远把自己裹成一个球躺在六子的怀里睡。

六子超级大个头，小七迷你一小只，两个小家伙在一起画面很幽默。但令人意想不到的却是，小七一直努力地保护着六子。六子虽然长得大，但其导盲犬的特性注定了它拥有温柔的性格，时常路上遇到其他的狗狗，人家冲六子吼两声六子立刻就怂了，这时候都是巴掌大的小七冲过去一顿狂吠，把对方狗狗吓跑，小七凭一己之力吓跑过很多大狗，来"保卫"六子的安全。

自从有了小七，六子就不孤单了，它们幸福地在一起生活。它们一起吃饭、睡觉、玩耍……成为彼此生命中最重要的部分。

它们可以听懂很多话："过来、去吧、坐下、握手、走开、乖乖的、谁干的？……"

它们可以看懂很多的情绪：开心、忧伤、生气、幸福……

它们有很多的小方法要你抱抱，爬在你的脚上撒娇，把脑袋拼命地往你的手上蹭、往你的腿上蹭……

最可爱的是睡着的时候还会放屁、磨牙、说梦话。有一次六子一边说梦话一边哭。我赶紧跑过去抱它："六子醒醒，妈妈在呢！"它抬起头泪眼朦胧地看着我，把头又往我怀里深埋一点，像个孩子一样，我猜想它是不是梦到自己走丢了。

六子和小七按照狗的年龄算现在都成年了，所以都很懂事，已经不像小时候那么调皮，除了不会说话以外，绝对有3岁小朋友的智商，对我来说，他们就是亲人。我知道狗狗的寿命也就是17岁左右，所以或许有一天我们终将分别。每每想到此处，我总会忍不住想要哭，我总会抱着它们俩说："下辈子，还来找我，好不好？"

# · 充满诚意的沟通最有效 ·

记得冰心《春水》里有一句很有哲理的话："墙角的花，你孤芳自赏时，天地便小了。"孤芳自赏不见得是一件坏事，但我觉得人都是渴望情感交流的，如果我们能够敞开心扉与别人分享自己的欢乐，就会拥有很多朋友。

在我印象中，我小时候有很多的小伙伴，我们经常在一起小嘴巴叽里呱啦地说个没完，这份回忆真的太甜美了。其实我知道每个人的内心中都有很多"机密"，不能轻易说出来，但这也并不妨碍我们成为好朋友。

我想应该没有人喜欢孤独的吧，因为我不喜欢，我总觉得人既然是群居类型的情感生物，应该都是渴望别人了解和关心的。我对友情的观念就是这样，碰到很投合的朋友，就会很主动地和他们讲这讲那的，先让他们对我有一些了解。

我喜欢这种被了解，被感知的状态，我以为，这样我和别人沟通起来就很顺畅，更容易相互了解，我能做到这样就很好了。可是现实却往往相反，两个非常要好的朋友，即使是从小一同长大的闺蜜，都不见得真正了解彼此。这也许是人这种生物存在的复杂性导致的，人虽然都是一样的，有眼睛、鼻子、嘴巴，但是思想却不相同。

　　用一念千尘来形容最恰当，不信你可以做一个小小的试验：和一位要好的朋友，面对同样一件事物，在一分钟之后，说出你们脑海中出现了多少个想法。

　　我上初中的时候就和好朋友做过这样一个测试。记得有一次放学以后我们俩一起回家，路过一个商店的橱窗，橱窗上贴了一幅圣诞老人的大头贴。这么

醒目的地方，出现这样喜气洋洋的一幕，我们俩的情绪很快就被调动起来了。然后我听到她说："要是我能买回家贴在我书桌前就好了。"这个想法正好和我的不谋而合，于是我来了兴趣，对她说："我们俩一起闭上眼睛，一分钟之后你告诉我你所有的想法，我也告诉你我的想法，看我们有多少一样的想法。"

　　大约一分钟后，她开始说她的想法，令我吃惊的是她一口气说了刚才脑海中出现的十几个想法，我自己也是这样，刚才除了想到要自己学习做剪贴画，还想到爸爸是不是喜欢贴花？贴花这么精美来自谁的手？古代有贴花艺术吗？等等，但是没有几个是和她一样的。

　　当我们说完后，熟悉的两个人似乎都感觉到了彼此的陌生，我们竟然存在

阿根廷，别为我哭泣

Don't
cry for me Argentina

如此多的想法，而且彼此的想法差异巨大。看来了解自己，了解别人，不是一件简单的事情。

从那以后，我开始知道，人没有办法完全了解自己，更不要说完全了解他人。即使做一件相同的事，特征相似的人做法也是千差万别的。

不能因为人与人之间难以相互了解，就学着做孤家寡人。而且，孤单的滋味并不好受，任谁都有失落的时候，友情是滋润心灵的土壤，人从离开父母去远方求学，就非常需要朋友的帮助。在外面工作我认识了很多的朋友，而我也一直保持着主动与别人沟通的习惯。或许就是这种习惯，使得我更容易了解朋友们的想法，让我从未感觉到孤单。

纵然我知道人与人之间思想存在巨大的差异，也许我们同路一程，下一程又要分道扬镳，但是我依然感谢和珍惜那些曾经与我同行的人，在我们一同行走的路上，相互之间的扶助，这些对我来说都是非常珍贵的。

说起人与人之间的友谊，不得不说，不怕人的想法多，就怕彼此不知道这些想法。主动与人沟通是一种特别好的习惯，特别是在一些存在误会的事情上，比如：我主动说出自己的想法，对方就会感觉我心无芥蒂，那么也会愿意表达自己的想法，最终我们彼此能达到互相感知的状态。

现在很多大学都开了沟通类的商务课程，受到很多年轻朋友的喜欢。我一直没有多高的沟通技能，向来都是用心去与对方沟通，我觉得语言是一回事，心意又是另一回事，心意到了，语言只是传递心意的介质。因为谁都不傻，所以说实话是最高的表达技巧。

## ·左岩公益讲堂正在进行时·

　　坐在快速行驶的高铁列车上，窗外一片漆黑，远处星星点点的灯光忽隐忽现，一眨眼的工夫便消失不见了。整个团队有点疲惫，因为在刚过去的四天里我们在南京的七所大学做了七场公益讲座。

　　此时此刻，电脑右下角的时间显示23：15分，刚刚看过新节目导演发来的策划案、联络好即将拍摄的种种事宜的我，喝下一大口咖啡，打开电脑，想写

些关于这次公益巡讲的事。

　　事情的起源是我的工作邮箱常常收到大学发来的请求，请我帮忙录制各种校园比赛祝福视频的邮件，我通常都会帮同学们录好传回去。前一段时间，我一连两天收到不同大学的邀请，希望可以去学校为学生们开展讲座，刚好那几天有时间，我说好啊，我也想去看看那些青春的脸。

　　要去两所学校做讲座的消息被更多学校的同学们知晓，于是邮箱里的邀请信件更多了。助理说目前已经收到了全国160所学校发来的邮件。我想，那就去吧，是时候该用自己小小的能力为这个世界和他人做点什么了。

　　于是"左岩公益讲堂"的活动就正式启动了。我希望可以亲历100所大学，和青春来一次淋漓尽致的对话。

　　目前我们走了十几所大学，我听到：

　　"左岩姐，我上小学的时候就看你

的节目。"

"姐,我读博士了,你说什么时候我该结婚呢?"

"岩姐,你的梦想是什么?"

"你的青春也迷茫吗?"

"我交了个外国男朋友,我妈不同意怎么办?"

"我该读些什么样的书呢?"

"我毕业了,可以去你公司工作吗?"

"岩姐,你喜欢动物吗?你对蝴蝶怎么看?"

……

同学们有着各种各样的困惑,也有着各种各样的难题。每一次讲完离开的时候,我都看到还有很多渴望询问的眼神。其实,我只能给他们鼓励和能量,却不能切实地解决每一个人的问题,因为我虽然读过心理咨询的课程,但并不是真正的心理学家，所以我能做到的就是走到他们身边去，带给他们温暖和鼓励，仅此而已。

　　面对"公益"这个大概念，我其实做得不多。最早是和《爽食行天下》一起参与"免费午餐"的项目，后来为推广"大病医保"尽过一点心力，在后来参与慈善拍卖捐过5万的拍品给"青少年眼疾救助活动"做经费。或者有些慈善的活动，如果需要我，会挤出时间来参与。

　　这一次，我们的"左岩全国高校公益巡讲"，不会收取校方的任何费用，而且交通、食宿等所有费用都由"左岩工作室"承担。虽然不是一个多么大的

活动，但是是我亲力亲为的。虽然没有捐出多少钱，但我拿出了自己大块的时间和精力，希望可以身体力行地用自己的社会形象和一点点影响力传递正能量给当代的大学生——未来的中国脊梁。

　　"左岩公益讲堂"，不是我一个人的讲堂。左岩将会去100所高校，然后会有左岩的朋友们继续巡讲，可能是知名主持

人，可能是明星企业家，我会邀请他们走进大学，和同学们讲述他们的成长经历，给孩子们以启迪和指引。

相较于很多大的公益基金组织，能募捐数额不菲的资金用于帮助困境中的人，我们的"公益讲堂"显得有些微不足道。但是"授人以鱼"值得尊敬，"授人以渔"同样也是一种善的表达。我们希望这个讲堂可以将更大的格局、更广阔的视野、更多的人生精神财富传递给当代大学生，让他们走出迷茫的青春，面向精彩的人生与未来。

我知道，我做得很少很少，但请不要嫌弃，因为在公益的路上，我们才刚刚起步，而且"再小的力量，也是一种努力与支持！"